Caroline Lascelles

Die Lilie von Louisiana

Caroline Lascelles

Die Lilie von Louisiana

ISBN/EAN: 9783744605496

Hergestellt in Europa, USA, Kanada, Australien, Japan

Cover: Foto ©ninafisch / pixelio.de

Weitere Bücher finden Sie auf **www.hansebooks.com**

Die Octrone,
oder
Die Lilie von Louisiana.

Nach dem Englischen

der

Lady Caroline Lascelles.

Zweiter Band.

Berlin, ▬▬.
Druck und Verlag von Otto Janke.

Siebzehntes Capitel.
Enthüllungen.

Don Juan war einer der Ersten, welcher die Nachricht von der Flucht Paul Lisimon's vernahm. Der Spanier wußte nichts von dem schmäligen Complot, welches Silas Craig auf Anstiften von Augustus Horton in's Werk gesetzt hatte. Er hielt seinen Schützling des Verbrechens, dessen man ihn zieh, schuldig. Er hatte einen geheimen Grund, sich über das Unglück desselben zu freuen und außerdem noch eine besondere Ursache, sein Verderben zu wünschen, seit er die geheime Neigung zwischen Paul und seiner Tochter ahnte.

Er eilte jetzt in das Zimmer der letzteren, um ihr die Nachricht von Paul's Flucht mitzutheilen.

„Nun, Camilla, was denkst Du von diesem hochfahrenden Jüngling, der so stolz seine Unschuld erklärte?" fragte Don Juan, nachdem er seine Erzählung von Lisimon's Flucht beendigt hatte.

„Ich denke von ihm wie immer," sagte Camilla.

„Daß er unschuldig ist?"

„Ja," erwiderte seine Tochter.

„Jedenfalls ist es sehr auffallend, daß er die Flucht ergriffen hat," sagte Don Juan, „der Unschuldige wartet gewöhnlich den Ausgang der gerichtlichen Untersuchung ab. Nur der Elende, der sich schuldig weiß, ergreift die Flucht, um sich dem rächenden Arme der Gerechtigkeit zu entziehen."

Pauline Corsi war bei diesem Gespräche gegenwärtig, aber sie hatte keinen Antheil daran genommen, sondern sich emsig mit ihrer Stickerei beschäftigt. Als aber der Spanier diese Worte sprach, erhob sie die Augen und sah ihm voll in's Gesicht.

„Die Schuldigen ergreifen nicht immer die Flucht, Don Juan Moraquitos," sagte sie ruhig.

Der Spanier stutzte und warf der Französin einen schnellen, aber verstohlenen Blick zu.

„Sie bleiben oft Jahre lang auf dem Schauplatze ihrer Schuld. Sie bieten den Gesetzen, die sie verletzt haben, Trotz und triumphiren über das Gelingen ihres geheimen Verbrechens."

Don Juan ließ ein spöttisches Gelächter vernehmen;

einem genaueren Beobachter konnte aber das krampfhafte Zucken seiner bärtigen Oberlippe nicht entgehen.

„Mademoiselle Corsi scheint aus Erfahrung zu sprechen," sagte er, „sie hat wahrscheinlich solche Personen gekannt."

„Ja, ich kenne solche Personen," sagte die Französin in demselben ruhigen Ton, mit welchem sie zuerst Don Juan angeredet hatte. „Sie konnten aber schwerlich wünschenswerthe Bekanntschaften für die Lehrerin und Gesellschafterin der Tochter eines so ehrenwerthen Mannes wie Sie sein, Don Juan," sagte Pauline, als wollte sie den Gedanken des Spaniers Worte leihen.

Während diese Unterredung vor sich ging, war Camilla auf den Balkon hinausgetreten, um sich den wachsamen Augen ihres Vaters zu entziehen und die Freude zu verbergen, die sie über Paul's Flucht empfand. Pauline und Don Juan waren deshalb allein. Ihre Blicke begegneten sich. In den Augen der Französin lag ein Ausdruck, welcher deutlich sagte, daß ihre Worte eine mehr als gewöhnliche Bedeutung hatten. Einige Augenblicke heftete Don Juan seinen Blick auf dieses schöne Gesicht, auf diese klaren blauen Augen, auf dieses Gesicht, das in seiner Zartheit und Frische fast ein kindliches Aussehen hatte, das aber dem geübten Auge des Physiognomen einen durchdringenden Verstand und eine seltene Schlauheit offenbarte.

"In Ihren Worten scheint ein versteckter Sinn zu liegen," sagte Don Juan, indem er einen Stuhl nahm und sich der Französin gegenübersetzte.

"Können Sie den Sinn derselben nicht entziffern?"

"Nein."

"Sagen Sie lieber, Sie wollen nicht," sagte Pauline verächtlich. "Sie fürchten, sich durch das Zugeständniß, das wie ein Bekenntniß der Schuld klingen würde, zu compromittiren. Soll ich Ihnen den wahren Sinn dieser Worte sagen?"

"Ja."

"Sie sind ein muthiger Mann, Don Juan Moraquitos, fürchten Sie sich nicht die Wahrheit zu hören?"

"Nein."

"So merken Sie auf: Die Worte, die ich so eben geäußert, beziehen sich auf einen Vorgang, der sich vor dreizehn Jahren zugetragen hat."

"Ich besitze nicht mehr das Gedächtniß eines jungen Mannes," antwortete Don Juan; "ich kann mich nicht aller Ereignisse wieder erinnern, welche um jene Zeit stattgehabt haben."

„Aber Sie werden sich an dasjenige erinnern können, von dem ich spreche. Sie werden sich an den Tod Ihres Verwandten Don Tomaso Crivelli erinnern?"

Diesmal fuhr der Spanier empor, als ob ihn eine Natter gestochen hätte. Ein kalter Schweiß trat auf seine braune Stirn, während von seinen Wangen und Lippen alle Farbe entwich.

„Ich sehe, Sie erinnern sich wirklich," sagte Pauline Corsi. „Sie erinnern sich des Testaments, das in jener Nacht gemacht wurde, des Testaments, bei dem zwei Männer als Zeugen zugegen waren, der eine ein Seemann, dessen Namen ich noch nicht weiß, der andere, William Bowen, Kapitän eines Sclavenhändlers. Sie erinnern sich der Bekenntnisse des verstorbenen Mannes, seiner Bitten, daß derjenige, der ihm theuer sei, von Ihnen beschützt und beschirmt werden möge, und endlich, Don Juan Moraquitos, werden Sie sich des Trankes erinnern, welchen Silas Craig bereitet hatte und den der Bruder Ihres Weibes zwei Stunden vor seinem Tode aus Ihrer Hand empfing."

„Woher haben Sie dies Alles erfahren?" keuchte der Spanier.

„Ich weiß noch mehr als das," erwiderte Pauline Corsi. „Als das erste Morgenlicht sich durch die halb geöffneten

Läden in das Krankenzimmer stahl, erhob sich Tomaso Crivelli in dem letzten Todeskampf von seinem Kissen und sprach eine Anklage."

„Halt, halt, Weib, ich bitte darum!" rief der Spanier. „Sie wissen leider Alles. Woher Sie aber diese Kenntniß erlangt haben, wenn nicht mit Hülfe des Teufels, ist mir unbegreiflich, denn die Thüre war fest verschlossen und diejenigen, die sich in dem Zimmer befanden, sind nicht die Männer, um Geheimnisse zu verrathen. Wie sich aber das auch verhalten mag, das ist leider nur zu wahr, daß Sie Alles wissen. Aber warum haben Sie das Geheimniß 13 Jahre lang verschwiegen?"

„Wir Weiber können auch schweigen," sagte Pauline. „Ich hatte meine Gründe dazu."

„Und Sie sprechen jetzt —?"

„Weil ich die Zeit für passend dazu halte."

Don Juan schritt mit gefalteten Armen und gesenktem Haupte im Gemache auf und ab und sagte dann, vor Pauline stehen bleibend, in flüsterndem Tone: „Haben Sie die Absicht, mich zu verrathen?"

„Nein!"

„Und warum sagten Sie mir dann alles Dieses?"

„Weil ich jetzt den Lohn für mein dreizehnjähriges Schweigen verlangen will."

„Und dieser Lohn —?"

„Sie können ihn leicht gewähren. Ich bin der Abhängigkeit müde, müde selbst der Abhängigkeit von Ihrer Güte. Machen Sie mich zu Ihrem Weibe und lassen Sie mich den durch die Schuld erlangten Reichthum theilen, deren Geheimniß ich kenne."

Achtzehntes Capitel.
Das Duell im Mondschein.

Die Pflanzung von Silas Craig grenzte, wie bereits erwähnt, an einen üppigen Wald, der sich Meilen weit am Ufer des Mississippi hinzog. In diesem Gehölz befand sich das Grab der unglücklichen Quadrone Francillia. Ein hölzernes Kreuz, das der treue Mulatte Toby errichtet hatte, bezeichnete die mit Gras überwucherte Stelle.

Die Sonne tauchte in goldenem Glanze in die purpurgefärbten Wogen des mächtigen Stromes. Der letzte Lichtschimmer des scheidenden Tages lag noch auf den höchsten Wipfeln der Bäume, als auf der entgegengesetzten Seite der Mond in seiner milden Herrlichkeit sich erhob und den Wald und Fluß mit einer Fluth von silbernem Lichte übergoß.

Unter den schattigen Laubgängen des Waldes war bereits diese Dämmerung eingetreten, als zwei Männer durch dieselben dahinschritten. Jeder von ihnen hatte ein Gewehr auf der Schulter und ein Pulverhorn an der Seite. Der Vordere war William Bowen, der andere Augustus Horton. Sie traten jetzt aus dem dunkeln Laubwald auf einen offenen Rasenplatz heraus, der von allen Seiten mit hohen Bäumen umgeben war.

„Wohin in Teufels Namen führen Sie mich, Bill?" fragte Augustus Horton sich umschauend.

„Ich glaube, Herr Horton, Sie würden beim Mondlicht in diesem Walde weder Weg noch Steg finden können," sagte Bowen lachend, aber wir sind hier ganz auf dem richtigen Wege, denn dies ist der Platz, wo wir mit dem Engländer und Ihrem trefflichen Cousin zusammentreffen wollten. Herr Mortimer Perch sollte sich schämen, daß er für einen Fremden gegen seinen Landsmann und noch dazu gegen sein eigenes Fleisch und Blut Partei nimmt."

„Fluch über ihn," murmelte August zwischen seinen Zähnen.

„Wir sind wirklich auf dem rechten Platz," fuhr Bowen fort, „denn wir befinden uns ganz nahe an Craig's Pflanzung. Sie würden die Negerhütten zwischen den Bäumen sehen können, wenn das Laub nicht so dick wäre."

„Horch," sagte der junge Pflanzer, „was ist das?" das Rasseln des Laubes kündigte die Ankunft der beiden Männer an, die sie erwarteten. Sie kamen auf demselben Weg heran, auf dem Augustus und Bowen gekommen waren.

„Ich glaube, es ist Ihr Cousin und sein Freund," sagte Bowen, „darum halten Sie Ihr Pulver trocken."

Unterdessen waren Mortimer Percy und Gilbert Margrave näher gekommen. Die vier Männer machten einander eine steife Verbeugung.

„Ich fürchte, wir haben die Herren warten lassen," sagte Mortimer Percy. „Wir verloren in der Dunkelheit unsern Weg und brauchten 10 Minuten, bis wir ihn wieder finden konnten."

„Bowen und ich sind so eben erst angekommen," sagte Horton, „haben die Herren Ihre eigenen Waffen mitgebracht?"

„Wir konnten in der Nachbarschaft keine Duellpistolen auftreiben," erwiderte Mortimer, „aber ich habe Revolver mitgebracht."

„Zum Kukuk mit den Revolvern," schrie Bowen, „ich will Ihnen sagen, was Sie thun sollen. Das Beste ist, Sie kämpfen mit diesen Gewehren, von denen noch keines, seitdem es aus der Hand des Büchsenmachers kam, versagt hat. Sehen Sie, dort ist der Platz, etwa hundert Fuß breit, und durch das volle Mondlicht so hell wie am Tage beleuch=

tet. Mein Rath ist, Sie stellen sich auf beiden Seiten auf und schreiten auf ein gegebenes Signal gegen einander vor. Dies wird Ihrem Zweikampf den Nebenreiz der Jagd verleihen. Was sagen Sie dazu, meine Herren?"

„Sie vergessen," sagte Mortimer, „daß Herr Margrave den Grund und Boden nicht kennt."

„Dann sind wir in dieser Beziehung vollkommen gleich," sagte Augustus Horton, „denn Herr Bowen wird Ihnen sagen, daß ich vor diesem Abend niemals diesen Ort betreten habe."

„Nun Ihr Herren," rief Bowen ungeduldig, „sind Sie mit meinem Vorschlage einverstanden?"

„Ja," antworteten Margrave und Percy.

„So wählen Sie Ihre Waffe," sagte Bowen, indem er Mortimer die beiden Gewehre hinhielt.

Der junge Mann besah sich die beiden Waffen genau, dann gab er die eine mit der Frage zurück: „Sind sie geladen?"

„Nein," antwortete Bowen und reichte ihm Pulver und Blei. „Wollen Sie auf dieser Seite bleiben?"

„Ja."

„Gut. Kommen Sie denn, Herr Horton."

„Aber das Zeichen?" rief Mortimer Percy.

„Soll ein Ruf von mir sein," antwortete Bowen. „Wir wollen Ihnen zehn Minuten zum Laden und Abschiednehmen von Ihrem Freunde geben, denn wenn Herr Horton der gute Schütze ist, für den ich ihn halte, so haben Sie keine große Aussicht, den Engländer lebend wiederzusehen."

Die beiden Männer entfernten sich und die Freunde waren wieder allein.

„Miß Leslie weiß wahrscheinlich nichts von diesem Duell?" sagte Mortimer, während er damit beschäftigt war, das Gewehr zu laden.

„Nichts," erwiderte Gilbert. „Ich ließ sie in dem Glauben, daß ich ihretwegen jeden Gedanken an Rache gegen den Mann, der sie beleidigt hat, aufgegeben habe."

„Das war jedenfalls das Gescheiteste, was Du thun konntest, denn ich fürchte, daß diese Geschichte, wie sie auch ausgehen mag, sich sehr unangenehm für Dich gestalten wird. Es herrscht gegenwärtig eine große Aufregung im Süden und das südliche Blut ist stark in Bewegung. Wenn Du auch unverletzt aus diesem Duell hervorgehst, so hast Du, sobald die Veranlassung bekannt wird, die Wuth des Volkes zu befürchten und es wird Dir wohl nichts übrig bleiben, als Dich unter den Schutz des britischen Consuls zu begeben."

„Wenn ein Mann das Weib, das er liebt, von einem Feigling beleidigt sieht, so überlegt er nicht erst lange," antwortete Gilbert. „Das Einzige, was mich in der Sache betrübt, ist der Gedanke, daß ich, anstatt meiner geliebten Cora Schutz zu gewähren, neue Gefahren über sie gebracht habe. Du bist der einzige Mensch in Amerika, den ich meinen Freund nennen kann. Du hast mir bereits so viele Beweise Deiner Freundschaft gegeben, daß ich es wagen darf, Dich um einen letzten Dienst zu ersuchen."

„Sprich, Gilbert, sprich. Wir haben in der That eine treue und feste Freundschaft zu einander gehegt. Diesen Abend kann ich Dir am wenigsten etwas abschlagen."

„So höre denn. Wie Du weißt, habe ich, als wir heute die „Selma" verließen, ein Boot gemiethet, welches Cora nach Hause zurückbringen soll. Versprich mir, daß Du, wenn ich falle, Cora unter Deinen Schutz nehmen und sie in die Arme ihres Vaters zurückführen willst."

„Ich verspreche es," antwortete Mortimer eifrig.

„Dank, Dank!"

Die beiden Männer, zu sehr ergriffen, um viele Worte zu machen, reichten einander die Hände.

„Aber sage mir, Gilbert," sagte Mortimer nach einer Pause, „weshalb ist denn eigentlich Miß Leslie nach Jberville gekommen?"

„Ihre Mutter ist hier gestorben. Sie will das einsame Grab von Francillia, der Quadrone, besuchen. Ich ließ sie bei dem Mulatten Toby zurück, der sie an den Ort geführt hat. Um 10 Uhr will sie an den Landungsplatz zurückkehren, wo das Boot uns erwartet."

„Genug," sagte Mortimer mit bewegter Stimme, „was auch vorgehen möge, ich werde dort sein, um sie zu beschützen."

In diesem Augenblick ertönte ein lauter Ruf durch die Stille des Waldes. Es war das Zeichen.

„Nimm Deine Waffe, Gilbert," sagte Mortimer, indem er Margrave das Gewehr reichte. „Augustus Horton ist mein Cousin und Du bist mein Freund. Ich wage es nicht, für die Sicherheit eines von euch auf Kosten des Andern zu beten. Das Auge der Vorsehung sieht auf uns herab und wacht über den Kampf. Lebe wohl."

Sie drückten einander noch einmal schweigend die Hände, dann eilte Gilbert vorwärts. Mortimer Percy ging mit unruhigen Schritten auf dem thauigen Rasen auf und ab und lauschte, weil er jeden Augenblick den Knall der Gewehre zu vernehmen erwartete.

Es schlug aber jetzt ein ganz anderer Ton an sein Ohr. Es war der Abendgesang der Neger, welcher durch die stille Nacht dahinfloß.

„Arme Bursche," sagte Mortimer, „es sind Craig's Neger, die nach vollbrachtem Tagewerk in ihre Hütten zurückkehren. Selbst die Peitsche des Aufsehers kann ihren Frohsinn und Zufriedenheit nicht ganz verscheuchen. Wie leicht kann ein guter Herr sie glücklich machen."

Der Gesang erstarb allmälig in der Ferne. Mortimer Percy lauschte athemlos auf jenen andern Ton, welcher den Beginn des Kampfes anzeigen sollte.

„Immer noch nicht," rief er aus, „wenn ich um jene Gruppe Bäume herumbiege, so laufe ich zwar Gefahr, von einer Kugel getroffen zu werden, aber ich muß es doch wagen, denn ich kann diese Ungewißheit nicht länger ertragen."

Ohne weiter zu überlegen, eilte er mit raschen Schritten nach der Richtung hin, welche Margrave eingeschlagen hatte. Er war noch keine drei Minuten verschwunden, als an der entgegengesetzten Seite des Gehölzes zwei Gestalten langsam herankamen. Es war der Mulatte Toby, der die Octrone zum Grabe ihrer Mutter führte.

„Sie sind traurig, Miß Cora, Sie sind unruhig?" sagte der Mulatte.

„Ich bin besorgt um Herrn Margrave," erwiderte Cora. „Seinem Versprechen gemäß müßte er längst bei uns sein."

Vielleicht ist der englische Herr wegen des Bootes aufgehalten worden. Sie haben die Hütte gesehen, in welcher Ihre Mutter die letzten Monate ihres Lebens zugebracht hat. In der Nähe dieses Platzes ist auch ihre letzte Ruhestätte."

Der Sclave sah sich im Mondlicht um und hielt endlich am Fuße einer ungeheueren Eiche an. Dann bog er das üppige Gebüsch auseinander und zeigte seiner Begleiterin ein rohes Holzkreuz, das auf einem Erdaufwurfe stand. Auf dem Kreuze waren die Worte eingeschnitten: „Francillia, 7. Juli 1845", und darunter: „Blut für Blut".

„Sehen Sie, Miß Cora," sagte der Mulatte, „dies ist ein einsamer Platz, obschon er so nahe an der Pflanzung liegt. Keine Hand hat sich an dem Kreuze vergriffen. Es hat vielleicht kein menschliches Auge die Inschrift gesehen, aber das Auge der Vorsehung hat seit 15 Jahren darauf herabgeblickt."

„O Geist meiner gemordeten Mutter," rief das junge Mädchen aus, indem es auf die Kniee niederfiel und seine gefalteten Hände gegen den Himmel erhob, „blicke auf Deine Tochter herab. Möge der Himmel demjenigen seine Sünden vergeben, der Dein unglückliches Schicksal verschuldet hat. Möge der Himmel Mitleid und Erbarmen mit meinem unglücklichen Vater haben. Ich kann ihm nicht fluchen. Hier an dem Grabe seines Opfers, an dem Grabe des Opfers eines grausamen Vorurtheils vergebe ich ihm —"

In diesem Augenblicke ließ sich in der Nähe ein Schuß vernehmen. Cora sprang bleich und erschrocken auf. „Toby," rief sie, „hast Du gehört?"

Noch ehe der Mulatte antworten konnte, theilten sich die Büsche und Mortimer Percy kam eilends daher. Als er Cora sah, hielt er an.

„Sie hier, Miß Leslie?" rief er aus.

„Ja, ja. Sagen Sie mir, was dieser Schuß zu bedeuten hat?"

„Es wird wahrscheinlich ein Jäger sein."

Er hatte kaum ausgeredet, als ein zweiter Schuß ertönte.

„Nein, nein, Herr Percy," rief Cora in wilder Aufregung, „es ist kein Jäger. Meine Ahnung sagt mir, daß derjenige in Gefahr ist, den ich liebe. Gilbert Margrave hat ein Duell mit Ihrem Cousin gehabt."

Während sie sprach, erschien in einer kleinen Entfernung Augustus Horton, rückwärts gehend und sich eifrig umschauend. „Ich muß ihn ganz gewiß getroffen haben," murmelte er.

„Sehen Sie, sehen Sie, sein Gegner ist unverletzt," rief

Cora. „Er ist also gefallen. Lauf Toby, lauf und stehe ihm bei."

Halb ohnmächtig vor Angst und Schrecken würde sie zu Boden gefallen sein, hätte sie Mortimer Percy nicht noch zur rechten Zeit aufgefangen.

Er brachte sie zu einem in der Nähe befindlichen Felsen, der einen natürlichen Sitz bildete, auf welchem er sie niederlegte und ihren Kopf an seine Schulter legte. Einen Augenblick darauf kam auch Augustus Horton an den Platz und erkannte im Lichte des Mondes die Octrone. Ein Anfall von Eifersucht ergriff ihn, als er ihr Haupt an Mortimer's Schultern lehnen sah.

„Jetzt wundere ich mich nicht mehr über die Theilnahme, die Du für Gerald Leslie's Tochter an den Tag legst, Percy," sagte er spöttisch, „sie gehört wahrscheinlich zu Deinen Freundinnen. Jetzt ist es mir auch erklärlich, warum sie es gewagt hat, mich von sich zu weisen, als ob sie eine Königin wäre."

„Dich?" erwiderte Percy.

„Ja, weil ich so kühn war, ihr einige Artigkeiten zu sagen."

„Augustus Horton," sagte Mortimer ernst, „Du erinnerst Dich an eine Bedingung in unserem Geschäftsvertrag, wonach jede der beiden Parteien die Auflösung dieses Vertrages verlangen kann?"

"Vollkommen."

"Dann bin ich der erste, der diese Verbindung löst. Von heute an bin ich nicht mehr Dein Compagnon."

"So sei es," erwiderte Horton, "es ist nicht meine Sache, einem solchen Vorschlage entgegenzutreten. Doch will ich Dich daran erinnern, daß Du dadurch einen Theil Deines Vermögens verlieren wirst."

"Ich werde immer noch genug haben, um fern von diesem Lande, dem ich von nun an entsage, leben zu können. Was Deine Schwester anbelangt, so kannst Du ihr sagen, daß ich ihr ihre Freiheit zurückgebe."

"Das ist unnöthig," erwiderte Augustus stolz, "denn sie hat selbst die Absicht erklärt, mit Dir zu brechen."

"Warum?"

"Weil sie sich in den Kopf gesetzt hat, sich in Herrn Gilbert Margrave zu verlieben, der seinerseits eine Octrone der Erbin einer der stolzesten Familien von Louisiana vorzieht."

"Es war demnach die Eifersucht, welche Adelaide verleitet hat, heute dergestalt gegen Cora Leslie aufzutreten?"

"Ich glaube es."

„Um so besser für sie. Das ist wenigstens einigermaßen eine Entschuldigung für ihr Benehmen. Doch still, da kommen sie."

Während Percy dies sprach, erschien Bill Bowen und der Mulatte, welche die zusammengesunkene Gestalt von Gilbert Margrave zwischen sich führten oder vielmehr trugen. Der junge Mann war vollkommen bewußtlos und sein Hemd vorn an der Brust voll Blut, das aus seiner Wunde floß.

Toby und Bowen legten ihn auf die Steinbank nieder, wo Cora saß.

„Die Kugel hat ihn in die Seite getroffen und ich glaube, daß Alles aus ist mit dem Engländer," sagte Bowen.

Bei dem Tone dieser verhängnißvollen Worte öffnete Cora Leslie ihre Augen und als sie ihren Geliebten blutend und leblos da liegen sah, fiel sie vor ihm auf die Kniee und rief mit herzzerreißendem Tone: „Gilbert, Gilbert todt! und ich bin die Ursache davon."

Der Mulatte legte einen Augenblick seine Hand auf das Herz des Verwundeten und sagte dann: „das Herz schlägt noch, wenn auch nur schwach. Er kann noch gerettet werden!"

„Erlauben Sie, Miß Leslie, daß wir ihn in die Villa Ihres Vaters bringen?" sagte Mortimer. „Ich will ihn dahin begleiten."

„Thun Sie es, Herr Percy," rief Cora. „Sie sind die Güte selbst."

„Ich gebe Ihnen hundert Dollars, Bowen, wenn Sie uns behülflich sind, diesen armen Burschen in's Boot zu tragen," sagte Mortimer.

„Hundert Dollars — Ich bin Ihr Mann," erwiderte Bill. Sie werden mich entschuldigen, Herr Horton, aber Sie wissen: Geschäft ist Geschäft."

Mortimer Percy und der Mulatte suchten darauf von dem überall umherliegenden Windbruchholz einige starke Aeste aus und banden daraus mit Tüchern eine rohe Tragbahre zusammen, auf die sie den bewußtlosen Engländer niederlegten. Bowen trug an dem einen, Toby an dem andern Ende, während Cora und Percy neben dem Verwundeten hergingen. So bewegten sie sich langsam nach dem Landungsplatz, wo das von Gilbert gemiethete Boot bereit lag. Währenddessen stand Horton an einem Baume gelehnt und sah ihnen nach.

„Fluch über sie," murmelte er, „ich dachte, ich hätte mir jetzt den Liebhaber der stolzen Cora für immer vom Halse geschafft, aber ich habe, wie es scheint, durch diese Geschichte nur meinen Nebenbuhler begünstigt. Wenn dieser Gilbert Margrave wieder hergestellt wird, so wird er ganz Liebe und

Dankbarkeit für seine schöne Wärterin sein. Doch Craig und ich haben Gerald Leslie ganz in unserer Hand und die Liebe seiner Tochter soll der Preis für seine Rettung sein. Sie wird ihren Vater nicht als Bettler sehen wollen. Oder wenn sie mich auf's Aeußerste bringt, so wird die öffentliche Versteigerung ihren Bedenken vollständig ein Ende machen. Wenn ich sie nicht zu meiner Geliebten machen kann, so kann ich sie wenigstens als meine Sclavin kaufen.

Neunzehntes Capitel.
Der menschliche Bluthund.

Am Morgen nach dem Duell kehrte Augustus Horton nach New-Orleans zurück. Selbst in seiner Eifersucht gegen Gilbert Margrave und in seiner verbrecherischen Leidenschaft für die schöne Octrone, gab er den Gedanken an seine ehrgeizigen Pläne nicht auf. Er war noch immer fest entschlossen, um jeden Preis die Hand und das Vermögen von Camilla Moraquitos zu erringen. Als er die Nachricht von Paul Lisimon's Flucht aus dem Gefängnisse erhielt, wurde er wüthend. Sein gefürchteter Nebenbuhler befand sich demnach wieder in Freiheit. Seine Verurtheilung und Entehrung, auf die der Pflanzer so sicher gerechnet, würde nun wahrscheinlich niemals stattfinden und Camilla noch immer den Glauben an die Ehrenhaftigkeit ihres Geliebten nicht aufgeben. Er hatte beabsichtigt, Paul in den Augen der stolzen Spanierin als ein ganz verächtliches Subjekt hinzustellen und dieser Plan war, wie er jetzt fühlte, großen Theils gescheitert. Mit einem eigenen Boten schickte er einen Brief nach Iberville, worin er Craig von Lisimon's Flucht benachrichtigte. "Verlieren Sie keine Zeit, nach New-Orleans zurückzukehren," schrieb er, "ich bedarf Ihrer Hülfe in dieser Sache. Ueber der Flucht Lisimon's waltet ein Geheimniß und Sie sind der Mann, es aufzudecken."

Als er diesen Brief abgefertigt hatte, ließ er sich sein Pferd bringen und ritt, von einem Diener begleitet, nach der Villa Moraquitos. Er wollte jetzt seine Bewerbung mit aller Eile betreiben und zu diesem Behufe vor Allem Don Juan zu gewinnen suchen, welcher dieselbe immer begünstigt hatte. Augustus Horton traf den Spanier allein in einem Gemache, das er sein Studirzimmer nannte, obschon darin wenig zu sehen war, was auf eine Beschäftigung mit Geistesarbeiten hindeutete, denn die Wände waren mit glänzenden und kostbaren Waffen aller Art geschmückt und daneben hingen Seekarten, welche auf die frühere Lebensweise des Besitzers hindeuteten. Wenn nämlich die über Don Juan Moraquitos umlaufenden Gerüchte die Wahrheit sagten, so hatte er seine Reichthümer zum Theil dem Seeraube zu verdanken. Als Augustus Horton in's Zimmer trat, stand der Spanier mit gefalteten Armen und gesenktem Kopfe am offenen Fenster und dampfte, in tiefe Gedanken versunken, eine Cigarette. Bei der Anmeldung seines Besuchers schrak er zusammen, faßte sich aber sogleich wieder und ging dem Eintretenden entgegen.

„Ihr Besuch, mein lieber Horton, ist für mich heute eine vollkommene Ueberraschung, denn ich glaubte, Sie hätten New-Orleans verlassen und sich nach Horton-Ville begeben."

„Ja, ich war allerdings gestern dort."

„Und sind heute schon wieder zurückgekehrt? Sie sind demnach sehr schnell des Landlebens wieder überdrüssig geworden."

„Können Sie sich die Ursache meiner Rückreise nicht erklären?"

„Nein, durchaus nicht."

„Wie, Don Juan, können Sie sich nicht denken, daß sich in dieser Stadt ein Leitstern befindet, der mich, selbst gegen meinen Willen, immer wieder hieher zurückzieht?"

„Ah, jetzt begreif' ich. Und dieser Leitstern ist —?"

„Ihre Tochter, Camilla Moraquitos."

Nach einigem Nachdenken entgegnete darauf der Spanier mit ernstem Tone: „Augustus Horton, ich habe dies längst vorausgesehen. Ich will Ihnen offen bekennen, daß ich eine Zeit lang ehrgeizige Absichten mit meiner Tochter gehegt habe.

Wir Spanier sind ein stolzes Geschlecht und ich gab mich einst der Hoffnung hin, daß einer der Edeln meines entfernten Heimathlandes Camilla's Gemahl werden würde. Doch das ist jetzt vorüber," setzte er mit einem Seufzer hinzu, "Sie selbst stehen im Range keinem Manne in Louisiana nach. Sie sind auch kein armer Abenteurer, der sich durch Heirath zu bereichern sucht. Sie sind jung, hübsch und reich. Gewinnen Sie Camilla und Sie haben meine Zustimmung."

"Und Ihren Beistand?"

"Ja."

"Aber wenn sie mich zurückweist?"

"Ich kann sie nicht zwingen. Sie ist mein einziges Kind, der einzige Schatz meines Alters. Wenn Sie ihre Liebe nicht gewinnen können, so müssen Sie ihrer Hand entsagen."

Augustus Horton entfernte sich mit vielen Betheuerungen der Dankbarkeit und Liebe, als er aber die Thüre hinter sich geschlossen hatte, ballte er seine Faust und murmelte ingrimmig zwischen den Zähnen: "Wahrlich, dieser Spanier ist wie ein thörichtes Weib. Er kann seine Tochter nicht zwingen und sein Reichthum wird aller Wahrscheinlichkeit an einen hübschen Abenteurer übergehen, für den seine Tochter eine Laune faßt."

Mit diesem Gedanken durchschritt er den langen Gang, welcher zu Camilla's Gemächern führte. In dem Vorzimmer ihres Boudoir's begegnete er Pauline Corsi. Er redete sie nicht an, sondern schritt mit einer nachlässigen Verbeugung, wie sie ein Mann einer tief unter ihm Stehenden macht, an ihr vorüber.

Der scharfen Beobachtung der Französin entging dies nicht. „So," murmelte sie, „ich bin nichts als eine Gouvernante, eine abhängige Person, von der man keine Notiz zu nehmen braucht. Herr Horton, Sie werden eines Tages finden, daß ich kein schwacher Feind bin." Darauf stimmte sie einen munteren französischen Gesang an und trippelte davon, indem sie wie ein fröhlicher Vogel trillerte. Niemand konnte etwas von den finstern Gedanken ahnen, welche unter diesem fröhlichen Aeußern sich bargen.

Augustus Horton schob den rosenfarbigen Vorhang, welcher vor der Thüre des Boudoirs hing, bei Seite und trat geräuschlos ein.

Camilla saß in tiefe Gedanken versunken am Fenster. In ihrem Gesichte lag ein unverkennbarer Ausdruck von Schwermuth. Der Pflanzer betrachtete das schöne Mädchen mit Bewunderung, aber ohne Liebe. Sie als Frau zu besitzen, schmeichelte seinem Stolze.

Er brachte seine Bewerbung vor und wurde mit Verachtung zurückgewiesen. Er sah, daß er der Spanierin nicht blos vollkommen gleichgültig, sondern selbst verhaßt war. Wüthend über diese Entdeckung, beschloß er den Grund davon zu erforschen. „Camilla Moraquitos," sagte er mit scheinbarer Ruhe, welche indeß die in ihm tobenden Leidenschaften nicht ganz verdecken konnte, „Sie haben den Antrag meines ergebenen Herzens zurückgewiesen. — Sei dem so. Ich kann Ihre Einwilligung nicht erzwingen. Sie lieben einen Andern, ohne Zweifel einen ehrenwerthen Mann, dessen unbefleckter Name einen Glanz auf das Weib, das er heimführt, zurückstrahlen wird."

Camilla ließ das Haupt sinken, als Horton diese Worte mit schneidender Jronie äußerte. Sie fühlte, daß er ihr Geheimniß kenne und die Bitterkeit des Hohnes verwundete sie auf's Tiefste.

„Aber das ist noch nicht Alles," fuhr der Pflanzer fort. „Sie haben nicht blos einen Andern, sondern hassen mich auch. Ich frage Sie aus welchem Grunde?"

„Soll ich es Ihnen sagen?" fragte sie ernst und sah ihm mit ihren blitzenden Augen voll in's Gesicht. Der Himmel möge es mir vergeben, wenn ich Ihnen Unrecht thue, Augustus Horton, aber eine geheime Ahnung sagt mir, daß Sie mit

diesem elenden Schurken Silas Craig bei dem Complote
betheiligt sind, welches Schande und Schmach auf den Namen
eines Mannes gebracht hat —"

„Welcher Ihnen sehr theuer ist. Ist es nicht so, Donna
Camilla?"

„Ja," antwortete sie stolz. „Ich habe bisher noch keinem
Sterblichen meine Liebe eingestanden. Ich gestehe sie Ihnen
jetzt ein. Dies wird wenigstens meinen Glauben an seine
Unschuld beweisen."

„Herr Paul Lisimon ist ein sehr glücklicher Mann, daß
er eine so schöne Vertheidigerin besitzt," sagte Augustus mit
beißendem Spotte, „der entflohene Verbrecher, der entlaufene
Dieb wird ohne Zweifel binnen Kurzem nach New=Orleans
zurückkehren, um seine Braut heimzuführen, obschon ich fürchte,
daß man ihn, sobald er sein Gesicht in der Stadt wieder
zeigt, mit Handschellen fesseln und in sein Gefängniß zurück=
bringen wird. Mittlerweile gebe ich jeden Anspruch auf Ihre
Hand auf, denn ich fühle es, daß ich mit einem solchen
Nebenbuhler nicht in die Schranken treten kann."

Mit einer stolzen Verbeugung entfernte er sich. Im
Vorzimmer fand er den Neger Tristan, welcher auf dem Tep=
pich ganz nahe an der Thüre ausgestreckt lag.

„Hund," rief Horton aus, „Du hast gelauscht?"

„Zürnen Sie dem armen Nigger nicht, Massa. Wie wenn der Hund Ihnen helfen könnte?"

„Mir helfen?"

„Ja, Hunde sind oft sehr nützlich. Haben Sie jemals einen Bluthund hinter einem flüchtigen Sclaven her gesehen? Gewiß mehr als einmal. Gewiß haben Sie selbst schon die Hunde losgelassen, um Ihr verlorenes Eigenthum wieder einzufangen. Es gibt auch menschliche Bluthunde, Massa, welche einen Feind zu Tode hetzen können, wie die Hunde die armen Sclaven. Ihr Feind ist auch Tristan's Feind. Sagen Sie, Massa, wollen wir miteinander arbeiten?"

Der Pflanzer warf dem Neger einen Blick der tiefsten Verachtung zu. „Was können wir miteinander gemein haben?" sagte er wegwerfend.

„Liebe, Massa, Liebe und Haß. Wir beide lieben dasselbe Weib und hassen denselben Mann."

Augustus lachte laut auf. „Du, Du liebst Camilla Moraquitos? Bei meiner Ehre, das ist wirklich possirlich!"

„Und warum nicht?" rief der Neger, sich auf die Brust schlagend. „Das Herz da innen hat dieselbe Gestalt, wenn auch die Farbe der Haut verschieden ist. Ich liebe sie, ich liebe sie, nicht wie ihr weißen Männer liebt, sondern mit der leidenschaftlichen Wuth des Afrikaners, welche stärker ist, als

Schicksal und Tod, mit einem Fieber der Eifersucht, welche an Haß und Mord grenzt. Ich liebe sie und ich weiß, daß sie nur mit Verachtung auf mein schwarzes Gesicht herabblicken würde. Ich weiß, daß sie niemals mein werden kann, aber sie soll auch nicht die seinige werden. Nein, nein. Ich kann weit eher sehen, daß sie Ihr Weib wird, denn sie wird keine Liebe zu Ihnen hegen. Sie wird sich kümmern und sterben und ich werde mich auf ihrem Grabe tödten. Sagen Sie, Massa, soll ich Ihnen helfen?"

Augustus Horton blickte den Neger einige Augenblicke mit einem gemischten Gefühle von Staunen und Ekel an. Es lag fast etwas Schreckliches in der wilden Energie des Schwarzen, etwas Schreckliches, das sich fast dem Erhabenen näherte.

„Soll ich Ihnen dienen, Massa?"

„Ja," rief der Pflanzer, „Du sollst mein Bluthund sein und meine Feinde zu Tode hetzen."

Zwanzigstes Capitel.
Der Himmel hilft denjenigen, die auf die Vorsehung vertrauen.

In den Tiefen eines californischen Urwaldes schimmerte das hölzerne Dach einer einsamen Blockhütte durch die Bäume. Es war ein sehr baufälliges Gebäude, das die früheren Ansiedler verlassen hatten, und die gegenwärtigen vernachläßigten.

Weit und breit fand sich keine andere menschliche Wohnung, und man konnte sich kaum denken, daß dieser Platz der Aufenthalt gesitteter Wesen sein sollte. Und doch war die Hütte von zwei Männern bewohnt, welche in Gesellschaft ihres treuen Negersclaven bereits den größten Theil des Jahres darin zugebracht hatten.

Die Nacht war eingebrochen. Der Wind heulte durch die Aeste der Bäume und pfiff durch die Ritzen der Hütte. In dem einzigen Gemach derselben an der Seite eines knisternden Heerdfeuers saßen die beiden Bewohner und etwas entfernt von ihnen auf einem Holzklotz ihr dienstbarer Geist, der Neger. In seinem ehrlichen Gesichte lag ein Ausdruck von Gutmüthigkeit und man sah es ihm an, daß er selbst an diesem öden Platze vergnügt und zufrieden war.

Nicht so seine Herren. Sie saßen beide schweigend da, rauchten aus langen Pfeifen und starrten trübsinnig in das Feuer. Es ließ sich unmöglich errathen, welchen Rang sie in der Gesellschaft einnahmen, denn beide trugen die einfache, aber zweckmäßige Kleidung, welche unter den Jägern und Goldgräbern jenes Landes üblich ist. Beide standen in der Blüthe des Lebens, aber da beide sich Haare und Bart in der üppigsten Weise hatten wachsen lassen, so sahen sie mit ihren von Sonne und Luft gebräunten Gesichtern etwas verwildert aus, desohngeachtet aber ließ sich nicht verkennen, daß der eine von ihnen ein hübscher Mann war.

Der Aeltere brach zuerst das Stillschweigen. „Es ist jetzt, sagte er mit einem Seufzer, „beinahe ein Jahr her, seit wir diese öde Gegend betreten haben und noch haben wir nichts vor uns gebracht."

„Ja, ja, ein ganzes Jahr," murmelte der Jüngere, „und noch keine Hoffnung zur Rückkehr, keine Hoffnung, daß dem

Unschuldigen Gerechtigkeit und dem Schuldigen die verdiente Strafe zu Theil werde."

"Brown," sagte sein Begleiter, "erinnerst Du Dich noch unseres ersten Zusammentreffens?"

"Ja, wir begegneten uns in San Francisco, beide arm, aber beide entschlossen, unser Glück zu machen und aus den Eingeweiden der Erde so viel Geld zu gewinnen, um unsere Lebenszwecke damit erreichen zu können."

So war es in der That. Die beiden Männer hatten sich zufällig getroffen und waren bei längerer Bekanntschaft Freunde geworden. Sie waren unter sich übereingekommen, daß die Geschichte ihres früheren Lebens, so lange sie in Californien zusammen lebten, in Vergessenheit begraben sein sollte. Keiner sollte dem Andern seine Geheimnisse oder seine Pläne für die Zukunft mittheilen. Nicht einmal ihre wahren Namen wollten sie einander sagen, sondern sich nur Brown und Smith nennen.

Sie legten ihr letztes Geld zusammen, um sich die für ihre Unternehmung nöthigen Bedürfnisse anzuschaffen. Sie hatten aber beschlossen, in die tiefsten Wildnisse der Goldregion einzudringen und das kostbare Metall in einer Gegend aufzusuchen, die noch niemals zuvor von den Goldsuchern ausgebeutet worden war. Um dies auszuführen, wollten sie sich durch keine Beschwerde, durch keine Gefahren abschrecken lassen.

In San Francisco hatten sie den Neger Sambo aufgegriffen. Er war lahm und Niemand wollte ihn deshalb haben. Es gelang ihnen, das kranke Bein zu curiren und der arme Bursche zeigte sich dankbar dafür. Er wurde für sie ein wahrer Schatz in der Wildniß.

In den ersten Monaten fanden sie etwas Goldstaub, wodurch sie in den Stand gesetzt waren, die Bedürfnisse, die sie aus der nächsten Stadt bezogen, zu bezahlen. Dies war aber auch Alles und nach acht Monaten harter Arbeit standen sie noch immer auf demselben Flecke, wo sie begonnen hatten. Smith schlug deshalb vor, am folgenden Tage aufzubrechen und ihr Glück in einer andern Gegend zu versuchen. Doch diesem Vorschlag trat der Neger mit einem Ausrufe des Schreckens entgegen.

„Massa darf morgen nicht gehen," rief er eifrig, „entschuldigen Sie den armen Nigger, den diese Dinge nicht angehen; aber Massa wird morgen nicht gehen."

„Und warum nicht?" fragte Brown.

„Weil morgen Freitag ist, Massa, und Freitag ein sehr unglücklicher Tag sein."

„Ein unglücklicher Tag ist es, Sambo?" antwortete

sein Herr. „Ich denke, jeder Tag seit acht Monaten war für uns ein unglücklicher."

Der Neger schüttelte seinen wolligen Kopf. „Freitag," sagte er, „ein sehr unglücklicher Tag sein."

„Aber wenn es ein unglücklicher Tag zum fortgehen ist," sagte Brown lachend, „so ist es ja auch ein unglücklicher, um da zu bleiben und einen neuen Versuch mit der Pickart zu machen."

„Ich das nicht glauben, Massa," sagte Sambo, „aber Freitag ein sehr unglücklicher Tag sein."

„Ich schlage vor," fuhr Brown fort, diesmal dem Rathe Sambo's zu folgen und erst übermorgen weiter zu ziehen. Morgen wollen wir einmal den Versuch machen, bei dem kleinen Bache, den ich Dir neulich gezeigt habe, zu graben. Du erinnerst Dich doch des Ortes?"

„Vollkommen. Er sieht trübselig genug aus und ich glaube, daß wir zwölf Monate dort graben können, ohne etwas zu finden: Da wir aber schon so viele Tage umsonst gearbeitet haben, so kommt es auf einen mehr auch nicht an. Ich bin dabei."

„Gut denn," antwortete Brown, „Sambo, richte unsere Werkzeuge her, ehe Du Dich niederlegst und wecke uns morgen frühzeitig auf."

Die beiden Goldgräber warfen sich auf ihr hartes Lager nieder und verrichteten ein kurzes Gebet, worin sie um den Segen des Himmels zu ihrem Werke flehten. Sie hatten dies seit acht Monaten täglich gethan und die Hoffnung auf die Vorsehung nie ganz aufgegeben.

Bei Anbruch des folgenden Tags begaben sich die drei Männer mit ihren Geräthen nach dem gestern angedeuteten Platze und begannen eifrigst zu arbeiten. Aber der Tag verging, ohne daß sie etwas fanden. Als es Abend wurde, schlug Brown vor, die Arbeit einzustellen und nach Hause zu gehen, Smith dagegen wünschte noch eine halbe Stunde länger zu graben. Sein Gefährte war zu gutmüthig, um sich diesem Wunsche zu widersetzen, obschon er sich nicht den geringsten Erfolg von der Erfüllung desselben versprach.

Die halbe Stunde war beinahe vorüber, die letzten Strahlen der scheidenden Sonne vergoldeten die obersten Wipfel der Bäume und es begann bereits zu dämmern, als ein Ausruf von Smith und ein Freudenschrei von Sambo, Brown's Aufmerksamkeit auf sich zog. Sein Gefährte war mit seinem Spaten auf einen Klumpen Gold gestoßen. Er hatte ihn ausgegraben, untersucht und war dann auf die Kniee gesunken, um Gott seinen Dank auszusprechen. Brown folgte seinem Beispiele.

Die drei Männer arbeiteten jetzt eifrig fort, bis der Mond hoch am Himmel stand. Sie waren, wie dies nicht selten in Californien vorkommt, auf eine Goldader gestoßen, die alle ihre Mühe und Entbehrungen reichlich bezahlte. Beladen mit dem kostbaren Metalle kehrten sie in ihre Hütte zurück.

In den folgenden Tagen setzten sie ihre Arbeit fort, welche sich so lohnend erwies, daß dadurch ihre kühnsten Hoffnungen übertroffen wurden. Sambo mußte einen Wagen mit Maulthieren herbeischaffen, auf welchem sie ihre Schätze, um kein Aufsehen zu erregen, mit aller Vorsicht verpackten. So traten sie in Begleitung des treuen Sambo ihre Rückreise nach San Francisco an.

„Sobald wir nach New-Orleans oder New-York zurückgekehrt sein werden," sagte Brown, als sie der baufälligen Hütte den Rücken wandten, „will ich Dir die Geschichte meines Lebens erzählen und Dich auch mit den Plänen meiner Zukunft bekannt machen. Mittlerweile wollen wir Alles beim Alten lassen. Sind wir doch von einander überzeugt, daß wir ehrliche Männer sind. Das soll uns vorerst genügen. Nicht so?"

„Ja," antwortete Smith. „Freund und Bruder, so sei es!"

„Ich sage Massa, Massa Smith, Massa Brown, Nigger Sambo ein alter Narr sein. Sambo niemals wieder sagen, daß Freitag ein sehr unglücklicher Tag sein."

Einundzwanzigstes Capitel.
Die Entführung.

An dem Abende des Tages, an welchem Augustus Horton in seiner Bewerbung um die Hand der spanischen Erbin abgewiesen wurde, saßen Camilla und ihre Gesellschafterin Pauline Corsi, an einem Fenster, das die Aussicht auf die schimmernde Wasserfläche des Mississippi hatte.

„Und Sie haben ihn also abgewiesen, Camilla?" sagte Pauline.

„Ja," antwortete die Angeredete mit verächtlichem Tone. „Konnten Sie jemals glauben, daß ich anders handeln würde?"

„Und doch ist Augustus Horton reich, jung, hübsch, angesehen. —"

„Das mag er Alles sein," unterbrach sie Camilla, „aber ich kann kein anderes Gefühl für ihn hegen, als Gleichgültigkeit, oder vielmehr Verachtung."

"Soll ich Ihnen das Geheimniß dieser Gleichgültigkeit sagen?" fragte Pauline mit einem Lächeln.

"Wenn Sie wollen," antwortete Camilla gleichgültig.

"Das Geheimniß ist Ihre Liebe für einen Andern. Ja, diese Verlegenheit und dieses Erröthen würde Sie verrathen, wenn ich nicht Alles schon wüßte. Meine thörichte Camilla, glauben Sie mir, die ich Sie von Kindheit an gekannt, die Wahrheit verbergen zu können? An dem Tage, wo Paul Lisimon verhaftet wurde, sagte ich ihm, daß ich längst Alles wüßte."

"Verzeihen Sie mir, liebe Pauline, wenn es den Anschein hatte, als ob ich es an Offenherzigkeit gegen Sie fehlen ließ," sagte Camilla, "aber es war Paul, der mich zu schweigen bat."

"Ja, Paul, welcher fürchtete, daß die Gouvernante ihre Schülerin verrathen möchte. Nun hören Sie mich an, Camilla. Die Geschichte meines Lebens ist eine sehr seltsame. Der Tag ist vielleicht nicht fern, wo ich sie Ihnen enthüllen werde. Jetzt aber ist die Zeit dazu noch nicht gekommen. Die Vorgänge der Vergangenheit mögen viel dazu beigetragen haben, den Ehrgeiz in meinem Herzen zu wecken, das einst gewiß nicht ganz schlimm war. Ja, ich bin ehrgeizig und stolz, obschon die Klugheit mich lehrte, meinen Stolz zu ver=

bergen. Abhängigkeit selbst von denjenigen, die ich liebe, ist mir unerträglich. Alles Dieses habe ich unter einem fröhlichen Aeußern zu verbergen gewußt."

"Pauline, Sie erschrecken mich," rief Camilla aus, "diese Kunst, Ihre Gefühle zu verheimlichen —"

"Grenzt nahe an Falschheit, ist es nicht so, Camilla? Doch lassen wir das. Zum ersten Male spreche ich Ihnen gegenüber die Wahrheit über mich aus. Sie waren stets anhänglich, freundlich und edelmüthig gegen mich. Ich würde schlimmer als eine Mörderin sein, wenn ich Ihr Herz brechen könnte, denn Ihr Herz brechen, hieße, Sie tödten, und doch Camilla, sind es noch keine drei Tage her, wo ich dieser Schandthat fähig gewesen."

"Pauline, Pauline!"

"Ja, Sie haben allerdings Ursache, mich mit Staunen und Abscheu zu betrachten. Ich wiederhole es, vor drei Tagen war ich dazu fähig, weil ich ehrgeizig bin und weil der Ehrgeizige die heiligsten Bande mit Füßen tritt, um das Ziel seiner Wünsche zu erreichen. Aber dies ist jetzt vorüber. Ein anderer Weg hat sich mir eröffnet und von nun an, Camilla Moraquitos, will ich Ihre Freundin sein. Reden Sie, wollen Sie mir vertrauen?"

Pauline Corsi heftete ihre große klaren blauen Augen

mit forschendem Blicke auf das Gesicht Ihrer Schülerin. „Wollen Sie mir vertrauen, Camilla?" wiederholte sie.

„Ja, Pauline. Ihre Worte haben mich erschreckt und verwirrt, aber mein Gefühl sagt mir, daß Sie mich jetzt wenigstens nicht täuschen wollen."

„Nein, wirklich nicht," antwortete Pauline. „Wenn Sie mir also vertrauen, Camilla, so sagen Sie mir aufrichtig, ob Sie Paul Lisimon wirklich lieben?"

„Treu und ewig."

„Und für diese Liebe wollen Sie alle Ihre ehrgeizigen Hoffnungen zum Opfer bringen? Können Sie, die so viel von Ihres Vaters stolzem Wesen an sich hat, um seiner Liebe willen sich mit beschränkter Verhältnissen und einer dunkeln Stellung im Leben aussöhnen?"

„Sie wären für mich kein Opfer," antwortete Camilla, „wenn ich sie mit ihm theilen könnte."

„Aber denken Sie an seine unbekannte Geburt, Camilla Moraquitos. Er ist vielleicht von ganz niedriger Herkunft. Würden Sie bei dem Gedanken daran nicht über Ihren Geliebten und Gatten erröthen?"

„Niemals, so lange ich wüßte, daß er ein redlicher, ehrenwerther Mann ist."

„Ja, hier aber liegt gerade der Anstoß. Haben Sie

schon vergessen, daß seine Ehre durch einen schmählichen Verdacht befleckt, daß er als ein Dieb gebrandmarkt ist?"

"Ich habe nichts vergessen. Ich weiß, daß ich ihn liebe, und auf ihn vertraue. Wir können diejenigen nicht lieben, denen wir nicht vertrauen."

"Genug," antwortete Pauline, "jetzt hören Sie mich an: Ich habe Ihnen gesagt, daß sich meinen ehrgeizigen Hoffnungen ein neuer Weg eröffnet hat. Ich werde Reichthum und Stellung erlangen, ohne Sie oder Ihren Geliebten zu opfern. Nein, mehr noch, ich verspreche Ihnen, daß der Tag, an welchem meine Wünsche in Erfüllung gehen, Sie auch als die Braut von Paul Lisimon begrüßen soll."

"Was meinen Sie damit, Pauline?"

"Forschen Sie jetzt nicht danach, sondern vertrauen Sie mir nur. Ich habe Ihnen versprochen, in allen Dingen Ihre Freundin zu sein. Wie, wenn ich das schändliche Complot, das, wie ich glaube, dieser schurkische Advocat, Silas Craig, herausgeheckt hat, aufzudecken vermöchte. Würden Sie mir dafür danken, Camilla?"

"Ihnen danken, Pauline? O, wenn Sie denjenigen, den ich liebe, von der niedrigen Anklage reinigen könnten, die man gegen ihn erhoben hat, so wollte ich mein Leben lang Ihre Sclavin sein."

„Ich verlange das nicht. Ich verlange nur Geduld und Vertrauen. Ich habe eine Gewalt über Silas Craig, die kein Anderer besitzt, und an dem Tage, der meine Hoffnungen krönt, soll er seine Schandthat bekennen und seine Anklage gegen Paul Lisimon zurücknehmen."

„Pauline, Pauline!" rief Camilla, „meine Wohlthäterin, meine Retterin."

„Still," sagte die Französin, ihren Finger an die Lippen legend, „Geduld und Vorsicht."

In diesem Augenblick war Pepita, die alte Wärterin Camilla's hereingetreten. „O, Missy," sagte die treue Mulattin, „es ist ein Matrose unten, der schöne Seidenzeuge und Stickereien hat und sie Ihnen zeigen will."

„Aber ich will sie nicht sehen," sagte Camilla gleichgültig, „er mag seine Waare anderwärts zeigen."

„Halt," unterbrach sie Pauline, „ich denke, wir sollten diesen Kram doch einmal ansehen."

„Ja, thun Sie's," sagte Pepita, „es wird arme Missy zerstreuen. Arme Missy in der letzten Zeit sehr übel gewesen sein."

„Warum wollen Sie diesen Mann sehen?" fragte Camilla, als die Mulattin das Gemach verlassen hatte.

„Weil ich glaube, daß wir einen Mißgriff begehen würden, wenn wir ihm den Zutritt verweigern. Es wird sich bald zeigen, ob ich Recht habe oder nicht."

Pepita führte den Matrosen in's Zimmer. Er war ein schwarzäugiger, dunkelhaariger Bursche, dessen Gesicht durch Wind und Sonne die Farbe des Kupfers angenommen hatte. Er öffnete einen Ballen mit Seidenzeugen, welche er auf dem Teppiche des Fußbodens zur Schau auslegte. Camilla sah dieselben mit der größten Gleichgültigkeit an.

„Sie sind hübsch," sagte sie, „aber ich kann keinen Gebrauch davon machen."

„Aber Sie werden doch etwas von einem armen Matrosen kaufen, gütige Dame?" sagte der Mann in schmeichelndem Tone. „Wenn Sie auch kein seidenes Kleid wünschen, so wird sich vielleicht etwas Anderes unter meinem Kram befinden, das Ihnen zusagen wird. Sehen Sie hier."

Damit zog er aus der Tasche seiner weiten Beinkleider ein rothes Etui hervor, groß genug, um eine Kette oder ein Bracelet zu fassen.

„Sehen Sie her," sagte er, indem er es öffnete und es ihr so vorhielt, daß sie allein den Inhalt sehen konnte. „Gewiß werden Sie mir ein Paar Dollars dafür nicht verweigern, schöne Dame."

Camilla konnte ihr Erstaunen nicht verbergen, das Etui

enthielt eine Kette von falschem Gold, in einen Kreis geschlungen, dessen Mitte ein kleines, zierlich gefaltetes Billet enthielt. Auf der Außenseite desselben stand in einer der Spanierin wohlbekannten Schrift das Wort „Treue" geschrieben.

„Wollen Sie die Kette kaufen, Fräulein?" fragte der Matrose.

Camilla öffnete ein auf dem Tische stehendes mit Perlmutter eingelegtes Kästchen und nahm eine Hand voll Dollars heraus, welche sie in die breite Hand des Matrosen gleiten ließ. „Wird das hinreichen, um Euch für Eure Mühe zu entschädigen?"

„Vollkommen, edles Fräulein."

„Wenn Ihr morgen wieder kommen wollt, so würde ich vielleicht noch mehr von Euch kaufen."

Der Matrose grinste. „Ich werde kommen, wenn ich kann, mein Fräulein," antwortete er und verließ mit einem einfachen Gruße, gefolgt von Pepita, das Zimmer.

„Hatte ich Recht, Camilla?" fragte Pauline.

„Ja, liebe Pauline. Sehen Sie, da ist ein Billet von Paul's Hand."

„Soll ich Sie allein lassen, damit Sie es lesen können?"

„Nein, Pauline, ich habe von nun an keine Geheimnisse

mehr vor Ihnen," antwortete Camilla, während sie das kostbare Briefchen entfaltete. Es enthielt folgende Worte:

„Fürchte nichts, Theuerste und glaube nicht, daß ich die Flucht ergriffen habe, weil ich schuldig bin. Sei getreu und setze Vertrauen in mich und Alles wird noch gut gehen. Denke, daß ich in Deiner Nähe sein werde, wenn Du es am wenigsten erwartest. Lege die vollste Gleichgültigkeit für mein Schicksal an den Tag und mische Dich, wie Du es sonst gethan, in die heitere Gesellschaft. Es ist dies nothwendig, um den Verdacht zu entwaffnen. Beobachte vor Allem gegen Augustus Horton die größte Vorsicht. Suche ihn glauben zu machen, daß ich Amerika für immer verlassen habe. Stets der Deine. Paul."

Camilla Moraquitos folgte den Weisungen, welche dieses kurze Billet enthielt, und als eine Stunde später Don Juan in das Gemach trat, fand er seine Tochter dem Anscheine nach in sehr guter Laune. Erfreut über diese Veränderung, schlug er vor, daß Camilla und Pauline diesen Abend mit ihm in die Oper fahren sollten, was beide Damen gerne annahmen. Die ganze vornehme und fashionable Welt von New=Orleans war an diesem Abend im Opernhause versammelt, denn eine der beliebtesten französischen Sängerinnen trat heute nach einem Urlaub von zwölf Monaten zum ersten Male wieder auf.

Die Loge, welche Don Juan inne hatte, war eine der besten, und Camilla Moraquitos zog Aller Aufmerksamkeit auf sich. Sie trug ein ambrafarbiges Seidenkleid mit schwarzem Besatz. Ihr klassisch geformtes Haupt war von einem goldenen mit Diamanten besetzten Bande umschlungen. In der Hand hielt sie einen parfümirten Fächer von Elfenbein und Gold.

Sie hatten noch nicht lange in der Loge gesessen, als Augustus Horton hereintrat und sich hinter den Stuhl stellte, den Camilla einnahm. Sie war darüber, nach dem, was an diesem Morgen zwischen ihnen vorgefallen, nicht wenig erstaunt. Während sie darüber nachsann, was ihn dazu bewogen haben könnte, die empfangene Zurückweisung zu vergessen, beugte er sich zu ihr nieder und flüsterte in ihr Ohr:

„Lassen Sie uns vergessen, was diesen Morgen zwischen uns vorgefallen ist, Donna Camilla. Vergessen und vergeben Sie mir meine Vermessenheit, wie ich Ihnen Ihre Grausamkeit vergebe. Lassen Sie uns wie früher, Freunde und blos Freunde sein."

Camilla wendete sich um und sah ihn mit Erstaunen an. War dies der Mann, dessen Worte diesen Morgen nur Wuth und Rache athmeten? Hatte sie ihn mit Unrecht im Verdacht, daß er verrätherisch und rachsüchtig sei?

Don Juan wußte nichts davon, daß seine Tochter Horton's Bewerbung abgewiesen hatte. Die Anwesenheit des Pflanzers in der Loge flößte ihm deshalb die Meinung ein, daß Camilla seine Anträge günstig aufgenommen habe. Eine halbe Stunde nach dem Beginne der Oper brachte einer der Logenwärter einen Brief, welcher an Don Juan Moraquitos adressirt war.

„Von wem erhielten Sie ihn?" fragte der Spanier.

„Von einem farbigen Burschen, welcher sagte, er müßte auf Antwort warten," entgegnete der Mann.

„Sagen Sie ihm, ich wolle ihn lesen."

Der Wärter verließ die Loge und Don Juan öffnete den Brief. Er war von Silas Craig und enthielt blos ein paar Zeilen, worin der Advokat seinem Clienten meldete, daß er ihn in nöthigen Geschäften ohne Verzug sprechen müsse. Don Juan erhob sich, um zu gehen.

„Es ist mir einmal vergönnt, ohne Unterbrechung die Gesellschaft meiner einzigen Tochter zu genießen," sagte er, sich zu Camilla niederbeugend. „Ich werde wegen irgend eines verdrießlichen Geschäftes abgerufen, aber ich werde nicht lange ausbleiben, meine Liebe."

„Aber wie lange, liebster Vater?"

„Höchstens eine Stunde. Mittlerweile lasse ich Dich unter dem Schutze des Herrn Horton."

"Ich nehme den Auftrag an," sagte der Pflanzer in freudigem Tone.

Trotz des Briefes, den sie diesen Morgen erhalten hatte, konnte es Camilla nicht über sich bringen, einen Frohsinn zu heucheln, den sie nicht empfand. Sie war still und gedanken= voll und gab nur einsilbige Antworten auf die artigen Phrasen ihres Bewunderers. Als sie zufällig einmal ihren Blick in das Parterre fallen ließ, fiel ihr das kupferfarbige Gesicht des Matrosen, der heute Morgen bei ihr gewesen war, in die Augen. Der Mann hatte seine Blicke unverwandt auf die Loge gerichtet.

Camilla wußte nicht, wie ihr geschah, aber sie fühlte ein gewisses Vergnügen, als sie das rauhe Gesicht dieses Mannes wieder erblickte. Er kannte Paul und war von ihm gekannt, konnte deshalb nur ein Freund desselben sein. Dem wach= samen Auge Horton's war Camilla's Aufmerksamkeit nicht entgangen.

"Man sollte fast glauben," sagte er mit einem Anflug von Spott, "daß die liebenswürdige Tochter des Don Juan Moraquitos im Parterre eine Bekanntschaft entdeckt habe."

Camilla erwiderte nichts auf diese Bemerkung. Es fing an, spät zu werden, und Don Juan war noch nicht zu= rückgekehrt. Seine Tochter vermochte ein Gefühl der Unruhe über sein langes Ausbleiben nicht zu unterdrücken. Die Liebe des Spaniers für sein Kind war die einzige Leidenschaft seines Herzens. Den geringsten Wunsch seiner Tochter suchte er mit der Aufmerksamkeit eines Liebhabers zu erfüllen. Kein Wunder, wenn Camilla sich darüber beunruhigte, daß ihr Vater am Schlusse des Theaters nach drei Stunden noch nicht zurückgekehrt war. Der Vorhang fiel und die Versammlung verließ das Haus.

„Ich will hinunter gehen und mich nach Ihrem Wagen umsehen," sagte Augustus Horton. „Vielleicht treffe ich Ihren Vater auf dem Gange draußen."

Er verließ die Loge und kehrte nach drei Minuten zurück, um zu melden, daß der Wagen bereit sei. Camilla's ängstliche Blicke entdeckten eine gewisse Aufregung in seinem Wesen.

„Haben Sie meinen Vater gesehen?" fragte sie.

„Nein, nein," antwortete er verlegen, indem er Camilla seinen Arm bot. „Ich habe ihn noch nicht gesehen. Doch erlauben Sie mir, daß ich Sie an Ihren Wagen führe. Die Gänge und Vorhallen sind zum Erdrücken voll."

Von Pauline Corsi nahm er keine Notiz. Sie folgte so gut sie konnte, wurde aber durch das Gedränge und durch die Eile, mit der Horton seine Begleiterin vorwärts zog, sehr bald von ihnen getrennt. Als sie am Ausgange des Theaters

anlangten, hatten sie die Französin ganz aus den Augen ver=
loren. Augustus Horton leitete Camilla so schnell in einen
Wagen, daß sie sich denselben nicht genau ansehen konnte.
Als sie sich aber gesetzt, bemerkte sie bei dem Lampenlichte,
welches von außen hineinfiel, daß die Kissen eine andere
Farbe hatten, als von ihrer Equipage.

„Herr Horton," rief sie, „dies ist nicht mein Wagen."
Augustus stand draußen am Schlage, als sie dies sprach.

„Es thut nichts," sagte er, „wir haben keine Zeit zu
verlieren. Fahre zu," befahl er dem Neger auf dem Bocke
und sprang dann selbst in den Wagen.

Camilla war durch sein Benehmen verwirrt und beun=
ruhigt. „Sie haben ja Pauline vergessen," rief sie, „wir
können sie doch nicht zurücklassen."

„Mademoiselle Corsi muß sich selbst zurecht finden," sagte
der Pflanzer, während der Wagen schnell weiter fuhr und
von dem hellerleuchteten Platze in eine der dunkelsten Straßen
von New=Orleans einbog.

„Ich wollte Ihnen alle Beunruhigung ersparen, Donna
Camilla, aber die Verheimlichung ist zu nichts weiter dienlich.
Ihr Vater ist unwohl geworden und hat nach Ihnen geschickt."

„Mein Vater krank! Gefährlich krank?"

„Ich sage das nicht."

"Aber vielleicht ist es doch so. O Himmel, mein geliebter Vater, dieser edle und hochherzige Freund, der mir niemals einen Wunsch versagt hat. Um Gottes willen, lassen Sie uns keine Zeit verlieren."

Mit gefalteten Händen wandte sie sich flehend an Augustus Horton. In diesem Augenblicke fuhr der Wagen an einer Straßenecke vorüber, an der sich eine Gaslampe befand. Das Licht derselben fiel gerade auf das Gesicht des Pflanzers. Diese Beleuchtung dauerte bei der schnellen Bewegung des Wagens nur einen Augenblick, Camilla aber glaubte dessen ungeachtet ein Lächeln des Triumphes in den Zügen ihres Gefährten wahrgenommen zu haben. Ein Schauder überkam sie bei dem Gedanken, daß diese Nachricht von der Krankheit ihres Vaters nur ein elender Vorwand ihres verschmähten Liebhabers sein möchte. Sie hatte oft mit sorglosem Ohr von den dunklen Thaten erzählen gehört, die von Zeit zu Zeit in ihrer Geburtsstadt vorfielen. Sie wußte, daß die reichen Creolen nicht besonders wählerisch in den Mitteln seien, wenn es galt, ihre niedrigen Leidenschaften zu befriedigen, und sie zitterte bei dem Gedanken an ihre Hülflosigkeit. Auf der andern Seite aber besaß sie den muthigen Sinn ihres väterlichen Stammes und Geistesgegenwart genug, um ihre Bestürzung zu verhehlen. Vorerst wollte sie ein=

mal den Versuch machen, ihren Gefährten auszuforschen.

„Warum sandte mir denn mein Vater nicht seinen eigenen Wagen?" fragte sie.

„Weil Don Juan nicht in der Villa Moraquitos unwohl wurde, sondern in einem Spielhause am andern Ende der Stadt, wohin ich Sie führen werde."

„Mein Vater in einem Spielhause krank geworden!" rief Camilla. „Mein Vater ein Spieler!"

„Ja, darüber brauchen Sie sich aber nicht zu wundern. In dieser Stadt giebt es allerlei Geheimnisse, und Ihr Vater weiß die seinigen sehr gut zu bewahren. Um allen Skandal zu vermeiden, habe ich Sie durch eine Art Kriegslist aus dem Opernhause hinweggebracht."

„Sie führen mich also an irgend einen verrufenen Platz."

„Es ist eben ein Ort, wo die reiche, aristokratische Welt in dem Spiele Unterhaltung und Zerstreuung sucht. Wenn Ihre weibliche Empfindlichkeit vor dieser Prüfung zurückschreckt, so will ich Sie nach Hause bringen. Es ist gerade nicht unumgänglich nothwendig, daß Sie Ihren Vater noch in dieser Nacht sehen. Morgen wird er vielleicht wohl genug sein, um nach der Villa Moraquitos zurückzukehren, und ich glaube nicht, daß wirklich eine ernstliche Gefahr vorhanden ist."

Camilla's Verdacht war vollständig verscheucht.

„Sie glauben nicht, daß Gefahr vorhanden ist?" rief sie. „Können Sie Camilla Moraquitos für so verzagt halten, daß sie davor zurückschrecken sollte, ihren geliebten Vater zu besuchen, weil er in einem Spielhause liegt? Wäre er in der niedrigsten Lasterhöhle von New-Orleans krank geworden, so würde ich allein hingehen, um Hülfe und Trost zu bringen."

Wäre eine Lampe in der Nähe gewesen, um in diesem Augenblicke das Gesicht des Pflanzers zu beleuchten, so hätte Camilla das triumphirende Lächeln sehen können, das sie kurz vorher erschreckt hatte.

Fünf Minuten darauf hielt der Wagen vor einer niedern Thüre in einer dunkeln, aber sehr achtbar aussehenden Straße an. Der Neger blieb auf seinem Kutschersitz, Augustus aber sprang heraus und half Camilla beim Aussteigen. Die Thüre, vor der sie Halt gemacht hatten, war fest verschlossen, aber Augustus Horton begehrte weder durch Klopfen, noch durch Läuten Einlaß. An der Thüre befand sich eine Messingplatte, auf der mehrere Buchstaben eingegraben waren. Auf einen dieser Buchstaben drückte er mit dem Finger, worauf sich die Thüre langsam und geräuschlos aufthat. Innen im Hause war Alles vollkommen finster.

„Geben Sie mir Ihre Hand, Donna Camilla," flüsterte

der Pflanzer. Das muthige Mädchen gehorchte und Augustus Horton führte sie vorsichtig weiter. Sie stiegen eine schmale Schneckenstiege empor und betraten dann einen langen Gang, in welchem beschattete Gaslampen brannten. Am äußersten Ende des Ganges öffnete Augustus die Thüre eines Zimmers, in das er Camilla führte. In diesem Gemache erwartete sie, ihren Vater zu finden, sah sich aber getäuscht. Das Zimmer war hübsch möblirt und von der Decke hing eine Lampe herab, welche wie die auf dem Gange ein gedämpftes Licht von sich gab.

Camilla sah sich rasch um. All ihr Verdacht war bei dem Anblicke des Ortes, an den sie der Pflanzer gebracht hatte, zurückgekehrt.

„Mein Vater! mein Vater!" rief sie aus. „Wo ist mein Vater?"

„Der Himmel weiß es," antwortete Augustus. „Vielleicht sucht er Sie im Porticus des Theaters. Camilla Moraquitos, Sie sind jung und kennen die Welt nicht, in welcher es Männer gibt, welche leidenschaftliche und rachsüchtige Herzen haben. Sie haben noch Vieles zu lernen, aber Sie werden binnen Kurzem eine Lectüre erhalten. Diesen Morgen haben Sie mich beschimpft, in dieser Nacht sind Sie in meiner Gewalt."

Zweiundzwanzigstes Capitel.
Der Kampf in dem Spielhause.

Als der Pflanzer die schrecklichen Worte äußerte: „Diesen Morgen haben Sie mich beschimpft, in dieser Nacht sind Sie in meiner Gewalt," wurde Camilla Moraquitos bleich wie der Tod. Es war also, wie sie gefürchtet hatte. Sie war von einem Schurken und Heuchler in eine Falle gelockt worden. Sie wußte nicht einmal, in welchem Viertel der Stadt dieses geheimnißvolle Haus gelegen war. Sie wußte nichts von seinem Rufe und seinen Bewohnern. Es konnte die Höhle einer Räuber= und Mörderbande sein, und sie war allein, allein mit einem Manne, der offenbar den tiefsten Haß einer niedrigen und rachsüchtigen Seele gegen sie in der Brust trug.

Doch selbst in dieser schrecklichen Bedrängniß wußte sie ihren Muth aufrecht zu erhalten. Als die erste Ueberraschung vorüber war, kehrte ihr ganzer Stolz, ihre ganze Seelenstärke zurück. Mit einem Blicke voll Abscheu und Verachtung sah sie den Pflanzer einen Augenblick an und sagte dann mit kaltem, ruhigem Tone:

„Ich habe Sie für einen Schurken gehalten, ich hielt Sie aber einer That wie dieser nicht für fähig. Es giebt Nichtswürdigkeiten, von denen ich bisher noch keinen Begriff hatte. Ich danke Ihnen, daß Sie mir eine solche enthüllt haben."

„Sie werden mir noch für eine bessere Lection danken, bevor wir uns trennen, Camilla Moraquitos."

Wiederum sah sie ihn mit demselben kalten verächtlichen Blick an: „Ich fürchte Sie nicht," sagte sie; „ich kann, wenn es nöthig ist, sterben." Ihre Hand griff dabei nach dem mit Edelsteinen besetzten Griffe eines kleinen Dolches, den sie nach der Sitte ihrer spanischen Vorfahren in ihrem Busen verborgen trug.

Obschon es nur ein glänzendes Spielzeug war, so bestand doch die Klinge aus dem feinsten und schärfsten Toledostahl.

„Ich kann sterben," wiederholte sie, als ihre Finger den Griff des Dolches krampfhaft umfaßt hielten.

„Ja, Fräulein," erwiderte Augustus mit der bittern Ironie eines siegreichen Feindes, „ja Sie können sterben, indem Sie sich diesen glänzenden Dolch in's Herz stoßen. Und wenn die Polizei morgen Ihre Leiche hier findet, was denken Sie, was die scandalsüchtigen Zungen dazu sagen werden? Wenn Sie dieselben so gut kennten als ich, Donna Camilla, so würden Sie wissen, was sie sagen werden. Sie werden einander zuflüstern, die schöne und stolze Tochter des Don Juan Moraquitos habe um Mitternacht in einem Zimmer eines geheimen Spielhauses eine Zusammenkunft mit ihrem Liebhaber gehabt und habe sich, als sie von ihrem wüthenden Vater dort aufgespürt und verfolgt wurde, den Dolch in die Brust gestoßen. Dies und Aehnliches wird man sagen, wenn ich mich nicht in der menschlichen Natur irre. Und wenn man es auch nicht sagen sollte, so würde es mir ein Leichtes sein, mit Hilfe meiner Freunde derartige Gerüchte in Umlauf zu setzen. Deßhalb, Camilla, werden Sie sich, wenn Sie klug sind, zweimal bedenken, bevor Sie dies glänzende Spielzeug gebrauchen. Bedenken Sie, daß der Tod in dieser Nacht und in diesem Hause nicht den Tod allein, sondern auch Schande bedeutet."

Schaudernd bedeckte das junge Mädchen sein Gesicht mit den Händen.

„Ah, stolze Spanierin!" rief Horton triumphirend aus, „die Du den reichsten und vornehmsten Creolen dieser Stadt nicht gewürdiget hast, sein Weib zu werden, Du zitterst jetzt, und obschon Deine Lippen es nicht eingestehen wollen, so vermagst Du Dich doch kaum auf den Füßen zu halten. Nun, höre mich an."

Mit diesen Worten schob er ihr einen Stuhl hin. Sie sank auf denselben nieder und entfernte die Hände vom Gesicht. Wie schwer auch der Kampf gewesen, den sie in den letzten Augenblicken gekämpft, sie hatte sich bereits wieder ermannt. Ihr Gesicht war todtenbleich, aber kalt wie das einer Bildsäule.

„Hören Sie mich an, Camilla Moraquitos," wiederholte der Pflanzer, indem er seine Hand auf die Lehne ihres Stuhles legte und sie mit kaltem und festem Tone anredete:

„Ich suchte Sie wegen Ihrer Schönheit, wegen Ihrer aristokratischen Haltung und wegen Ihres Reichthums zum Weibe zu gewinnen. Sie unter allen den Schönheiten von Louisiana waren die einzige, der ich den Vorsitz an meinem Tische einräumen, die ich zur Herrin meines Hauses machen wollte. Ihre Schönheit wäre mein Eigenthum, ein Theil meiner Besitzungen, mein Stolz und mein Ruhm gewesen. Ihr Reichthum hätte den meinigen vergrößert und ich würde dadurch der reichste Mann in New-Orleans geworden sein. Dies sind die Gründe, weßhalb ich Ihre Hand begehrt habe, und weßhalb ich sie auch jetzt noch begehre."

„Und jetzt vergeblicher denn jemals," unterbrach ihn Camilla.

„Nicht so schnell, mein Fräulein. Wir werden Ihre Standhaftigkeit sehr bald auf die Probe stellen. Ich habe Ihnen gesagt, warum ich Ihre Hand begehrte, aber ich habe Ihnen noch Einiges mehr zu sagen. Ich habe Sie niemals geliebt. Ich kann Ihr schönes Gesicht mit Entzücken betrach= ten, wie ein Kenner ein ausgezeichnetes Gemälde in einer italienischen Galerie ansieht. Ich bewundere es und das ist Alles. Kein wärmeres Gefühl stört den Pulsschlag meines Herzens. Wie Sie selbst Ihre Zuneigung auf den armen und unbekannten Abhängling Ihres Vaters übertragen haben, so liebe ich Eine, welche so tief unter mir steht, daß, wenn ich auch der schwache Thor wäre, sie zum Weibe nehmen zu wollen, die Gesetze von Louisiana mich daran verhindern würden."

„Aber welchen Grund hatten Sie denn, mich hierher zu bringen?"

„Welchen Grund?" rief der Pflanzer. „Einen Grund, weit stärker als Liebe und dieser Grund ist Rache. Sie haben mich beschimpft, Donna Camilla, und Sie sollen jetzt erfahren, daß noch Niemand Augustus Horton ungestraft be= leidigt hat. Ich bedrohe Sie mit keiner schrecklichen Strafe," fuhr er fort, nach seiner Uhr sehend, "es ist jetzt zwei Uhr. Wenn die Morgensonne sich über New-Orleans erhebt, wenn es in den Straßen lebendig wird, so werde ich Sie nach der Villa Moraquitos zurückbringen. Sie sollen durch dieses nächtliche Abenteuer in keiner anderen Weise als an Ihrem guten Rufe geschädigt werden. Bis heute Abend wird es die ganze Stadt wissen, daß Sie mit mir in diesem Hause eine mitternächtliche Zusammenkunft gehabt haben. Es wird Ihnen dann nichts Anderes übrig bleiben, als Ihren ergebensten Diener zum Gatten zu nehmen."

"Und können Sie sich einbilden, daß ich jemals meine Zustimmung dazu geben werde?"

"Bei näherem Nachdenken wird Ihnen wohl einleuchten, daß Ihnen nichts Anderes übrig bleiben wird."

"Und glauben Sie, daß mein Vater, Don Juan Moraquitos, den Entehrer des fleckenlosen Namens seiner Tochter schonen werde."

"Don Juan wird glauben, was ganz New-Orleans glaubt. Dafür lassen Sie mich Sorge tragen. Es wird Ihre Erzählung als ein wohlersonnenes Märchen betrachten. Oder welche Zeugen, welche Beweise können Sie vorbringen? Sie kennen nicht einmal das Haus, in dem Sie sich befinden. Gestern hat Ihr Vater sich geweigert, Sie gegen Ihre

Wünsche zu verheirathen; morgen wird er Sie zwingen, mein Weib zu werden."

"Lieber will ich sterben, als meinem Vater als das verworfene und entartete Geschöpf, wozu Sie mich stempeln wollen, unter die Augen treten, selbst wenn der üble Ruf dieses Hauses mir noch im Tode ankleben sollte. Aber ich werde nicht ohne Kampf sterben. Wer auch die Bewohner dieses Hauses sein mögen, vielleicht befindet sich einer darunter, der noch einen Funken von Mitleid besitzt, der bei dem Hilferuf eines in Bedrängniß befindlichen Weibes den Versuch macht, ihr beizustehen."

"Hüten Sie sich, die Leute sind hier nicht sehr bedenklich."

"Ich kümmere mich nicht darum," sagte sie. "Ich kann blos sterben."

"Aber Sie sollen schweigend sterben," rief der Pflanzer auf sie zuspringend.

Aber es war zu spät, bereits ertönte ihre Stimme in lautem schrillem Tone durch das Gebäude und weckte in der Stille der Nacht ein tausendfaches Echo, so daß es dem erschreckten Pflanzer vorkam, ganz New-Orleans müßte dadurch in Alarm versetzt werden. Wüthend vor Zorn entriß er ihr den Dolch, hielt ihr die Hand vor den Mund und war im

Begriffe, sie für immer zum Schweigen zu bringen, als die Thüre mit einem gewaltigen Schlage aufgesprengt wurde und drei Männer in's Zimmer stürzten. Diese drei Männer waren Kapitän Prendergills vom Schoner „Amazone", der Matrose, welcher Paul's Brief an Camilla überbracht hatte und Paul Lisimon selbst.

„So," rief der Kapitän, „da kommen wir ja gerade recht. Was treibst Du hier, Du verdammte Landkrabbe?"

„Kann denn ein ehrlicher Mann nicht einmal sein Spiel machen, ohne durch den Hilferuf eines Weibes gestört zu werden?"

Dabei hatte er Augustus Horton am Kragen gefaßt und geschüttelt, als ob er ein kleiner Knabe wäre. Ehe ihn der Pflanzer noch abwehren konnte, hatte Paul Lisimon seinen Arm um Camilla geschlungen.

„Meine Camilla," rief er, „wie kommt es, daß ich Dich zu dieser Stunde der Nacht in einem Spielhause finde?"

„Stelle mir keine Fragen," murmelte das Mädchen, „sondern bringe mich nur von hier weg. Ich bin ganz verwirrt von dem, was mit mir vorgegangen ist."

„Hat es dieser Mann gewagt, Dich zu beleidigen, Dich hierher in eine Falle zu locken?" fragte Paul auf Horton deutend, den der Kapitän und der Matrose mit ihren gezogenen Säbeln bedrohten.

„Ja, das hat er gethan."

„Sie hören die Anklage dieses Mädchens, das einer Ohnmacht nahe ist," rief Paul. „Sie sollen mir dafür Rede stehen."

Mittlerweile waren, durch den Lärm angelockt, noch sechs oder acht andere Spieler in's Zimmer getreten.

„Meine Herren," schrie Augustus Horton, „ich rufe Ihre Hilfe zur Festnahme dieser drei Männer an, die so eben einen mörderischen Angriff auf mich gemacht und versucht haben, diese Dame, die unter meinem Schutze steht, mit Gewalt zu entführen."

Die Spieler waren meist stark angetrunken und ohne Waffen. Nur einige hatten ihre Messer gezogen, die sie aber in einer Weise schwangen, daß ihre Freunde eben so gut als ihre Feinde dadurch bedroht waren. Es entstand eine Balgerei, bei der Kapitän Prendergills und der Matrose mit ihren mächtigen Fäusten tüchtige Püffe austheilten. So hatte der Matrose Tom unter anderem dem Pflanzer einen Schlag versetzt, der ihn für den Augenblick vollständig kampfunfähig machte. Mitten in diesem Wirrwarr hatte Paul eine günstige Gelegenheit ersehen und die bewußtlose Camilla über die Schulter genommen und den Rückzug nach der Thüre angetreten. Hier rief er seinen Gefährten zu, ihm den Rücken zu decken, was diesen denn auch nach einiger Anstrengung mit ihren geschwungenen Säbeln gelang. So erreichten sie kämpfend die Stiege und endlich die Hausthüre. Der Kapitän der „Amazone" war kein Neuling in dem Hause und mit dem Geheimnisse des Federschlosses sehr wohl vertraut. Er hatte deßhalb auch keine Schwierigkeit, die Thüre zu öffnen. Einmal auf der Straße, waren Paul und seine Freunde sicher, denn die Spieler wagten sie nicht hierher zu verfolgen, aus Furcht, daß dadurch die Existenz der geheimen Spielhölle bekannt werden könnte.

Racheschnaubend und voll Ingrimm kehrte Augustus Horton nach Hause zurück, um den Morgen zu erwarten, der ihm wahrscheinlich einen Zweikampf auf Leben und Tod mit Don Juan Moraquitos bringen würde. Zu seiner Verwunderung erhielt er aber keine Botschaft von dem Spanier. Erst um Mittag händigte ihm sein Diener zwei Billette ein. Das eine trug die Schriftzüge von Camilla Moraquitos. Es lautete folgendermaßen:

„Da das Leben eines geliebten Vaters zu werthvoll ist, um durch einen Zweikampf mit einem Elenden, wie Sie, auf's Spiel gesetzt zu werden, so wird Don Juan niemals etwas von den Ereignissen der letzten Nacht erfahren. Da Sie überhaupt zu niedrig sind, um Rache an Ihnen

5*

zu nehmen, so soll Ihre einzige Strafe die Verachtung sein."

Der zweite Brief war noch kürzer als der vorhergehende. Er lautete folgendermaßen:

„Sie werden mir noch Rede stehen für die Beleidigung derjenigen, die mir theurer als das Leben ist. Heute triumphiren Sie, aber der Tag der Abrechnung wird, ehe Sie sich's versehen, erscheinen. Ich warte. Paul Lisimon."

Dreiundzwanzigstes Capitel.
Der verhängnißvolle Tag.

Die Kugelwunde, welche Gilbert Margrave im Walde zu Iberville erhalten hatte, war eine sehr schwere, denn viele Tage und Nächte lag er in Gerald Leslie's Villa in einem Zustande, der keineswegs gefahrlos war. Er hatte aber die beste ärztliche Hilfe, welche New-Orleans darbieten konnte und die sorgsamste, liebevollste Pflege, wie sie nur die Zuneigung zu gewähren vermag. Tag und Nacht wachten Cora Leslie und der Mulatte Toby am Bette des Verwundeten. Sie und nur sie allein vernahmen seine fieberhaften Irrreden. Sie waren es, die ihn in der Stunde des Leidens beruhigten und tröfteten und ihn aufheiterten und ermuthigten, als die Gefahr vorüber und der erste Schimmer der wiederkehrenden Gesundheit auf seine Wangen zurückkehrte.

Gerald Leslie war fern vom Hause. Als das Boot mit Gilbert Margrave, Cora, Mortimer Percy und Toby bei seiner Villa anlangte, war der Pflanzer bereits nach New-York abgereist. Vater und Tochter hatten sich deßhalb, seit der Zeit, wo ihm Cora den Vorwurf gemacht, daß er die Ursache des Todes ihrer Mutter sei, nicht mehr gesehen. Vor seiner Abreise hatte er für seine Tochter nur ein paar kurze Zeilen zurückgelassen, worin er ihr mittheilte, daß ihn bringende Geschäfte nach dem Norden riefen.

Die zwei Monate, für welche Silas Craig den Wechsel von hunderttausend Dollars verlängert hatte, waren fast abgelaufen und mit jedem Tage wurde die Lage Gerald Leslie's beunruhigender. Cora hatte keinen Begriff von dem Umfange dieser Geldverlegenheiten. Sie glaubte, ihr Vater habe das Haus verlassen, um ihren Vorwürfen auszuweichen und sie bereute jetzt bitter die harten Worte, die sie gegen ihn geäußert, um so mehr, als sie einsah, daß seine Fehler mehr die Folge der Verhältnisse, als seiner Neigung waren.

Gilbert Margrave war wieder gesund, aber er verweilte noch immer in Gerald Leslie's Villa, denn der Pflanzer hatte ihm von New-York aus einen warmen Dank dafür ausgedrückt, daß er sich Cora ritterlich angenommen und ihn zugleich gebeten, er möge bis zu seiner Rückkehr in seinem Hause verweilen. Gilbert wartete deßhalb, bis die Ankunft des Herrn Leslie ihn in den Stand setzen würde, die nöthigen

Vorbereitungen für seine Verbindung mit Cora zu treffen. Daß er sie in New-Orleans nicht heirathen konnte, wußte er wohl, aber er wußte auch, daß in England seiner Verbindung kein Hinderniß entgegenstehe.

Es war am Vorabende des Tages, an dem der verhängnißvolle Wechsel fällig war, als Gerald Leslie ziemlich spät in der Nacht nach der Villa zurückkehrte, Cora hatte sich bereits zur Ruhe begeben, als ihr Vater ankam, Gilbert Margrave aber ging allein auf der Terrasse auf und ab, von der man den Anblick des mondbeglänzten Sees genoß. Er war deßhalb der Erste, der Cora's Vater begrüßte, aber auch sogleich wahrnahm, daß eine schwere Bürde auf seinem Herzen lasten müsse.

„Sie werden nach Ihrer langen Reise ermüdet sein, Herr Leslie," sagte Gilbert, „ich fühle mich berufen, unter Ihrem eigenen Dache den Wirth zu spielen. Bitte, lassen Sie uns in's Haus gehen. Toby soll Ihnen einige Erfrischungen vorsetzen."

„Nein, mein Herr Margrave, ich bedarf nichts. Ich bin so aufgeregt, daß ich nicht einmal der Ruhe bedarf. Lassen Sie uns hier bleiben, hier können wir ungestört mit einander sprechen. Toby ist ein treuer Bursche, aber er kennt bereits zu viel von meinem Mißgeschick. Wo ist Cora?"

„Sie hat sich zur Ruhe begeben."

„Das ist gut. Armes Kind, armes Kind!" sagte er mit einem tiefen Seufzer und verfiel in Schweigen.

Die beiden Männer gingen einige Minuten schweigend auf und ab. Gilbert Margrave brach zuerst das Schweigen.

„Verzeihen Sie, Herr Leslie," sagte er, „aber ich fürchte, es hat Sie irgend ein Mißgeschick betroffen. Vergessen Sie nicht, wie theuer Sie und die Ihrigen mir sind. Hegen Sie kein Bedenken, mir Ihr Vertrauen zu schenken und über meine Dienste zu verfügen. Sie gehören Ihnen bis zum Tode."

„Sie sind ein edler Mann," rief Gerald Leslie, „Sie haben das bereits bewiesen. Gilbert Margrave, ich bin vollständig zu Grunde gerichtet. Meine Reise nach New-York war fruchtlos. Ich begab mich dahin, um eine Geldsumme aufzunehmen, welche mich von meinen Verlegenheiten befreien sollte, ich fand aber den Handel und Geldmarkt aus Anlaß des befürchteten Krieges zwischen dem Norden und Süden in einem Zustand der Erschütterung, der den Zweck meiner Reise gänzlich vereitelt. Ich habe jetzt nur noch eine Hoffnung. Das Haus Richardson in New-York hat mir versprochen, wenn möglich, die Summe, deren ich bedarf, mir vorzuschießen. Das Geld würde mit dem nächsten Dampfer eintreffen. Aber selbst das ist nur eine sehr schwache Hoffnung, denn als ich New-York verließ, ging bereits das Gerücht, daß dieses Haus fallirt habe. Wenn dies begründet ist, so bin ich verloren. Ich werde bis zum letzten Augenblick gegen mein Unglück an= kämpfen, aber ich werde es allein thun. Sagen Sie mir nun, Herr Margrave, machen Sie noch immer Anspruch auf die Hand meiner Tochter?"

„Können Sie daran zweifeln?"

„Bedenken Sie, daß sie das Kind meiner Sclavin, daß sie selbst eine Sclavin ist."

„Ich denke an nichts, als daß ich sie liebe. Ich wünsche sie auch nicht anders, als wie sie ist."

„Ich habe mich nicht in Ihnen getäuscht, Herr Mar= grave," entgegnete Herr Leslie gerührt. „Sie sind ein Mann von Ehre, und Ihrer Ehre vertraue ich sie an. Sie müssen sich mit Cora flüchten. Wir dürfen sie nicht der Wuth des Volkes aussetzen, welches gegen sie eingenommen ist, weil sie eine Sclavin ist. Dieses Wort flößt Ihnen nicht den Ab= scheu ein, wie mir und doch werden Sie wissen, daß das Kind mit der Mutter das gleiche Schicksal hat."

„Aber warum wollen Sie ihr nicht die Freiheit geben?"

„Die Freiheit geben?" rief Leslie. „Würde es mir das Gesetz gestatten? Nein, ich kann sie nicht freilassen, bevor sie das dreißigste Jahr erreicht hat, ich müßte denn vor der Behörde so triftige Gründe angeben können, daß sie von Dreiviertel einer Jury gebilligt würden. Und glauben Sie, daß ich einen solchen Ausspruch zu einer Zeit erlangen könnte, wo die öffentliche Meinung gegen alle diejenigen erbittert ist, welche die Bande der Sclaverei zu lockern versuchen. Sie schaudern bei dem Gedanken, daß die Liebe eines Vaters machtlos ist gegen die Gesetze eines Landes. Ist dies nicht schrecklich?"

"Es ist schändlich," rief Gilbert, "aber was ist zu thun?"

"Sie müssen Beide Louisiana verlassen. Ihre Heirath kann nur in einem freien Staate stattfinden, denn hier können Sie Cora nur heirathen, wenn Sie schwören, daß Sie Negerblut in Ihren Adern haben. Begeben Sie sich zum englischen Consul und ersuchen Sie ihn, Ihnen seinen Schutz angedeihen zu lassen und Cora eine Zuflucht in seinem Hause zu gewähren, bis Alles zur Abreise in Bereitschaft ist. Sie können sie morgen bei Tagesanbruch dahin begleiten. Dicht verschleiert wird sie in so früher Stunde keinen Verdacht erregen. An Ihnen ist es, sie auf diesen Schritt vorzubereiten, denn sie liebt Sie und sie wird Louisiana ohne eine Regung des Bedauerns verlassen."

"Nein, Herr Leslie, Sie thun ihr Unrecht. — Glauben Sie mir —"

Gerald Leslie machte eine abwehrende Geberde. "Um's Himmels willen kein Wort weiter," sagte er. "Erst in späteren Tagen, wenn die Bitterkeit all dieses Leidens nur noch eine Erinnerung an die Vergangenheit ist, wenn sie ihn in ihrem Glück fast vergessen hat, dann rufen Sie ihr den Namen ihres Vaters in's Gedächtniß zurück und sagen Sie ihr, daß ich sie geliebt habe. Jetzt wird es besser für uns beide sein, wenn uns der Schmerz des Abschieds erspart wird. Ich will sie deßhalb nicht mehr sehen, obschon ihr Verlust mir an's Leben geht. Sie werden mir doch schreiben, Gilbert?"

"Ja, ja, theurer Herr," rief Margrave, seine Hand ergreifend.

"So leben Sie denn wohl, Gilbert, mein Sohn. Seien Sie gütig und liebevoll gegen sie um meinetwillen. Leben Sie wohl."

Mit diesen Worten drückte er dem jungen Manne noch einmal die Hand und stürzte dann in das Haus. Gilbert Margrave folgte ihm und begab sich in sein Zimmer, wo er die nöthigen Vorbereitungen zur Abreise traf. Als der Tag zu grauen begann, rief er den Mulatten Toby und sendete ihn mit der Bitte an Cora, daß sie sich ohne Verzug im

Garten einfinden möchte, da er ihr eine wichtige Mittheilung zu machen habe. Sie ließ nicht lange auf sich warten, denn zehn Minuten darauf traf sie mit ihm auf der Terrasse zusammen. Sie sah bleich und angegriffen aus und wartete kaum die übliche Begrüßung ab.

„Mein Vater ist in der vorigen Nacht angekommen," sagte sie, „haben Sie und er mit einander gesprochen?"

„Ja, Cora."

„So sagen Sie mir, was zwischen Ihnen vorgegangen ist."

„Er theilte mir traurige Nachrichten mit. Tausend Gefahren bedrohen uns. Er zittert für Sie und verlangt, daß wir so schnell als möglich Louisiana verlassen. Dies ist der Grund, weßhalb ich Sie so frühzeitig zu mir entbieten ließ. Wir werden um fünf Uhr abreisen."

„Louisiana verlassen und ohne ihn?"

„Ja, ohne ihn. Er ist entschlossen, bis aufs Aeußerste auszuharren und gegen den drohenden Ruin zu kämpfen, aber er will nicht, daß Sie seine Gefahr theilen. Der Wagen ist bereit und alle Vorbereitungen sind getroffen. Ich werde Sie in das Haus des englischen Consuls bringen und von dort in einen freien Staat, wo uns das Band der Ehe für immer vereinigen wird."

„Aber warum läßt mein Vater mich auf diese Weise von sich scheiden, ohne ein Wort der Liebe und des Abschieds?"

„Machen Sie ihm deßhalb keine Vorwürfe, Cora," erwiderte Gilbert Margrave. „Seine letzten Worte waren Worte der Liebe, unterbrochen durch Seufzer und Stöhnen."

„Und Sie sagten ihm, daß ich meine Zustimmung dazu ertheilen werde, ihn zu verlassen?"

„Ja, Cora."

„O, Gilbert, konnten Sie mich für so selbstsüchtig halten? Bin ich nicht von England hierher gekommen, um die Leiden meines Vaters zu theilen? Und kann er mich für eine solche Memme halten, daß ich ihn in der Stunde der Gefahr allein lassen sollte? Nein, nein, so lange er bleibt, wird seine Tochter an seiner Seite verweilen, wenn er flieht, wird sie ihn begleiten."

„Cora, Cora, herrliches Mädchen, Dein Wille soll geschehen. Ich werde Dir gehorchen," rief Gilbert.

„Sagen Sie mir, Gilbert, warum wollten Sie zu Ihrem Consul gehen?"

„Um Hindernisse zu entfernen, die sich unserer Abreise entgegen stellen könnten und Sie seiner Gastfreundschaft anzuvertrauen."

„So gehen Sie denn," sagte Cora, „aber gehen Sie ohne mich. Miethen Sie uns Plätze auf einem englischen Schiffe. Wir wollen Louisiana verlassen, aber mit meinem Vater. Heute Abend längstens können Sie uns den Erfolg Ihrer Bemühung mittheilen."

„Aber wenn mittlerweile —"

„Was können Sie fürchten? Es sind nur einige Stunden und diesen Abend werden wir uns vereinigen, um nimmer von einander zu scheiden. Sehen Sie, da kommt Toby, um uns zu sagen, daß Alles in Ordnung ist."

Cora begleitete Gilbert bis an den Wagen, dort drückte er sie an die Brust. „Leben Sie wohl," sagte er mit tiefer Bewegung, „selbst dieses kurze Scheiden bereitet mir Sorge und Schmerz. Möge der Himmel Sie in seinen Schutz nehmen."

Die Unterredung zwischen Margrave und Cora hatte einen stillen Beobachter. Gerald Leslie stand in seinem Zimmer hinter den Jalousien eines Fensters, welches die Aussicht auf die Terrasse hatte. Von da sah er seine Tochter und ihren Geliebten die Treppe hinabsteigen und schloß daraus, daß Cora sich bereitwillig zur Abreise verstanden habe. Er hörte den Wagen davon fahren und ein bitteres Gefühl überwältigte ihn. „Sie ist abgereis't," rief er aus, „abgereis't ohne auch nur einen Blick auf das Haus zu werfen, das sie ver=

läßt. Sie ist froh, daß sie mit dem Manne, den sie liebt, entfliehen kann. Undankbares Kind! Aber war es drum nicht mein eigener Wunsch? Sie ist wenigstens gerettet. Dem Himmel sei Dank dafür. Sie ist gerettet und ich bin allein. Ich werde mein Kind nicht mehr sehen."

Ueberwältigt von seinem Schmerz, sank er auf einen Stuhl und begrub sein Gesicht in seinen Händen. Er hatte sich auf diese Weise einige Minuten verhalten, als die Thür hinter ihm sich öffnete und ein leiser Tritt sich ihm näherte. Er erhob den Kopf und sah seine Tochter zu seinen Füßen knieen.

„Cora, Cora, bist Du es?" rief er gerührt aus und drückte sie an's Herz.

„Liebster Vater, wie konnten Sie denken, daß Ihre Tochter ohne Sie abreisen würde?"

„Leider, leider, bist Du geblieben, mein unglückliches Kind," sagte Gerald Leslie.

„Aber mein Vater, warum dieser Schrecken? Warum diese Unruhe? Was können Sie zu befürchten haben?"

„Nichts, Cora, nichts. Bin ich nicht da, um über Dich zu wachen und Dich zu retten? Meine Cora, mein Liebling, Du liebst mich also, Du verzeihst mir?"

„Ihnen verzeihen? Ich selbst habe Sie um Verzeihung zu bitten."

Wieder drückte sie der Pflanzer an's Herz. „Dieser Augenblick hält mich für Alles, was ich gelitten habe, schadlos. O Himmel, ich bin ganz glücklich." Dann, mit dem Ausdruck des Schreckens sich erhebend, rief er aus: „Glücklich, sagte ich? Glücklich, wenn — horch."

Die Stimmen mehrerer Männer ließen sich in diesem Augenblicke von Unten vernehmen, und auf der Stiege hörte man eilende Fußtritte, Toby stürzte athemlos in's Gemach.

„O Massa, Massa, der schreckliche Tag ist endlich gekommen. Herr Craig ist unten mit den Sheriefs, um von der Pflanzung und von Allem Besitz zu ergreifen."

„Schon so bald?" rief Gerald Leslie, „dann sind wir verloren."

Die Aufregung des Morgens war zu viel für Cora. Dieser letzte Schlag warf sie vollständig nieder und ohnmächtig sank sie ihrem Vater in die Arme!

„Meine Tochter!" rief Gerald, mein Kind! „Toby, giebt es keinen Weg zur Flucht, kein Mittel, sich zu retten?"

Der Mulatte rang in stiller Angst die Hände. Dann, während ein Schimmer von Hoffnung seine dunklen Züge erleuchtete, rief er plötzlich aus: „Warten Sie, Massa, der Garten steht mit der Pflanzung in Verbindung. Könnten wir diese erreichen, so würden sie uns nicht finden können.

Sie sind alle in dem Hausflur unten. Warten Sie, warten Sie."

Er stürzte aus dem Gemach, Gerald Leslie in gänzlicher Unwissenheit darüber lassend, was er thun wollte, aber drei Minuten darauf erschien er auf der Spitze einer Leiter am offenen Fenster des Gemaches.

„Sehen Sie, Massa," rief er, „wir wollen Sie jetzt retten. Legen Sie mir Cora in den Arm und ich will sie retten, wenn ich auch mit meinem eigenen Leben dafür bezahlen muß."

Es war aber bereits zu spät. Als der treue Mulatte seine Arme ausstreckte, um die ohnmächtige Gestalt der Octrone zu ergreifen, ließ sich eine rauhe Stimme von Unten vernehmen:

„Was thust Du da oben, Du verdammter Nigger? Wenn Du nicht augenblicklich herunter kommst, so werde ich Dir eine Kugel hinaufsenden, die Dich schneller herunter bringen wird, als Du heraufgekommen bist."

Der Sprecher war einer von den Leuten des Sheriefs, der um das Haus herumgegangen, um zu sehen, ob kein Fenster oder keine Thür vorhanden sei, durch die etwas von dem lebenden Inventar entkommen könnte.

Unter dem lebenden Inventar sind auf den Pflanzungen auch die Sclaven inbegriffen und in den öffentlichen Versteigerungen wird zwischen ihnen und dem Nutzvieh kein Unterschied gemacht. Zum lebenden Inventar gehörte auch Cora, die liebenswürdige und gebildete Tochter Gerald Leslie's, die Braut von Gilbert Margrave.

Vierundzwanzigstes Capitel.
Die Trennung.

Alle Hoffnung zur Flucht war nun vorüber. Der Mulatte stieg langsam die Leiter hinab, indem er zu dem Manne unten sagte, er habe etwas an den Fensterläden auszubessern gehabt. Als Cora Leslie die Augen wieder öffnete, erblickte sie, über ihr gebeugt, das geisterblasse Gesicht ihres Vaters. Erschrocken über sein entstelltes Aussehen, fragte sie, mit der Hand über die Stirne streichend: „Ist dies Alles ein Traum? Sprechen Sie, theuerster Vater, was hat sich zugetragen?"

„Ich bin zu Grunde gerichtet, Cora," antwortete Gerald Leslie. „Mag aber das Schlimmste eintreten, wir lieben wenigstens einander, und es besteht zwischen uns keine schwarze Wolke mehr, die uns von einander scheidet."

Der Leser muß wissen, daß Cora den ganzen Umfang ihrer unglücklichen Lage noch nicht kannte. Erzogen in England, wo man nichts von der Sclaverei weiß, wie konnte sie sich träumen, daß sie, die im Schooße des Glückes aufgewachsen und zärtlich geliebt war, wie die andern Werthgegenstände auf der Pflanzung verkauft werden würde, weil ihr Vater seine Zahlungsverbindlichkeiten nicht erfüllen konnte."

„Möge das Schlimmste kommen, theuerster Vater," sagte sie, „wir wollen uns nie mehr trennen." Gerald Leslie schwieg, weil er nichts Tröstliches zu sagen hatte. Er nahm seine Tochter bei der Hand und führte sie die Stiege hinab in das größte Gemach der Villa, wo Silas Craig mit dem Sherief und seinen Leuten versammelt war. Das härteste Herz hätte erweicht werden müssen, als Vater und Tochter mit einander eintraten. Cora blaß und zitternd, aber schön in ihrer Blässe, in Weiß gekleidet und anmuthig wie die Lilien, welche das beste Sinnbild für ihre zarte Schönheit abgaben. Gerald Leslie stolz und ungebeugt, obschon die Verzweiflung aus jedem seiner Züge sprach. Aber die rohe Natur von Silas Craig kannte kein Mitleid. Er fühlte blos eine teuflische Schadenfreude über die Demüthigung des Mannes, der ihn stets verachtet hatte.

„Ich erwartete Sie zu sehen, Herr Craig," sagte Gerald in kaltem Tone, „aber ich glaubte, Sie würden allein kommen. Darf ich Sie fragen, weßhalb Sie diese Leute mitgebracht haben?"

„Blos aus Vorsicht," antwortete Craig, „ich zweifle nicht daran, daß die Anwesenheit dieser Herren überflüssig sein wird, denn Sie werden wahrscheinlich im Stande sein, Ihren Verbindlichkeiten nachzukommen. Sie werden nicht vergessen haben, daß dies der Tag ist, wo Ihr Wechsel von hunderttausend Dollars fällig geworden. Herr Horton hat mir Vollmacht gegeben, auch in seinem Namen zu handeln. Haben Sie das Geld in Bereitschaft, mein lieber Herr Leslie?"

Der spöttische Ton, mit dem diese Worte gesprochen wurden, konnten dem Pflanzer nicht entgehen. „Ich habe das Geld noch nicht bereit," antwortete er, aber ich habe allen Grund anzunehmen, daß der New-Yorker Dampfer die nöthige Summe noch vor Abend mitbringen wird."

„Sie erwarten, wie ich glaube, vom Hause Richardson das Geld?" fragte Craig.

„So ist es."

„In diesem Falle muß ich Ihnen leider mittheilen, daß heute Morgen ein Telegramm in New-Orleans eingetroffen ist, welches den Fall dieses Hauses gemeldet hat."

Gerald Leslie faltete schweigend die Hände.

„War dies Ihre einzige Hülfsquelle?" fragte Craig.

Der Pflanzer antwortete noch nicht.

„Sie sehen also," fuhr der Advokat fort, „daß die An=

wesenheit dieser Herren doch nicht ganz nutzlos ist. Sie können sogleich zu Ihrem Geschäfte schreiten," setzte er gegen seine Begleiter gewendet hinzu.

Cora wunderte sich über die stillschweigende Verzweiflung ihres Vaters. „Warum beugen Sie Ihr Haupt, theuerster Vater?" sagte sie. „Ihr Ruin wirft keinen Flecken auf Ihre Ehre. Wir fürchten die Armuth nicht. Lassen Sie uns gehen."

Craig sah die Octrone mit spöttischem Lächeln an.

„Ich hätte sehr gewünscht," sagte er, „daß Ihr Vater Sie darüber aufgeklärt hätte, warum Sie ihm nicht von hier weg folgen können, Miß Leslie, denn für mich wird es sehr schmerzlich sein, Ihnen diese Enthüllung zu machen."

„Was, mein Herr?" rief Cora, bald den Advokaten, bald ihren Vater anblickend.

Gerald Leslie umschlang seine Tochter. „Meine Tochter ist in England geboren, Herr Craig. Sie hat nichts mit dieser Sache zu schaffen."

„Ihr Gedächtniß verläßt Sie diesen Morgen, Herr Leslie," antwortete Silas. „Ihre Tochter ist auf dieser Pflanzung geboren und das Kind einer Sclavin, einer Quadrone Namens Francillia. Die Beweise dafür befinden sich in meiner Hand."

„Wozu soll das?" fragte Cora. „Was kann es für einen

Unterschied machen, ob ich in England oder Louisiana geboren bin?"

Der Advokat zog ein Buch aus seiner Tasche. „Da Sie Ihr Vater nicht aufklären will, Miß Leslie," sagte er, „so muß es das Gesetz thun. Hiermit öffnete er das Buch und las folgende Stelle daraus vor:

„Die Kinder der Sclaven gehören den Eigenthümern ihrer Mütter," mit anderen Worten," setzte er hinzu, während er das Buch wieder einsteckte, „Herr Leslie ist ebenso gut Ihr Herr als Ihr Vater. Sie sind deshalb sein Eigenthum, oder das seiner Gläubiger."

„Vater," rief Cora, „hören Sie, was dieser Mann sagt? Sie schweigen? O Himmel, ist es denn wirklich wahr, was er sagt."

Einen Augenblick überwältigte sie die Angst, dann sich an Craig wendend, fragte sie: „Was wollen Sie denn aber mit mir anfangen?"

„Leider, mein armes Kind," sagte er mit heuchlerischem Mitgefühl, „wird man sie mit den Anderen verkaufen."

Mit einem Schrei des Entsetzens barg die Octrone ihr Gesicht an die Brust ihres Vaters. „Verkauft!" rief sie in herzzerreißendem Tone, „verkauft!"

Der Mulatte Toby stand in der Nähe und betrachtete die Scene mit stummer Verzweiflung.

"Herr Craig," sagte Gerald Leslie, "wird mein ganzes Besitzthum nicht ohnedies schon Ihre ganze Schuld decken? Wozu diese unnütze Grausamkeit? Sollte, was nicht wahrscheinlich, der Verkauf alles dessen, was ich besitze, Sie nicht vollständig befriedigen, so will ich, ich schwöre es, die letzte Stunde meines Lebens dazu verwenden, Ihnen den letzten Pfennig abzutragen. Wenn deßhalb noch ein Gefühl von Mitleid in Ihrem Herzen Raum hat, so berauben Sie mich nicht meines Kindes."

"Herr Leslie," sagte Silas, "das Gesetz ist unerbittlich. Alles muß verkauft werden."

"Nein, nein, wer könnte Ihr Recht, in dieser Angelegenheit nach Ihrem Gefallen zu verfahren, in Frage stellen?"

"Sie vergessen die fünfzigtausend Dollars, die Sie dem Herrn Augustus Horton schulden. Ich habe hier eben so gut seine als meine Interessen zu vertreten."

"Augustus Horton," rief Cora, "Sie hören Vater. Sie wollen mich von Ihnen trennen, um mich ihm zu überliefern."

"Beruhigen Sie sich, Miß Leslie," sagte Silas Craig. "Das Gesetz verlangt, daß bei einem Gantverfahren die Sclaven gleich dem andern Eigenthum in öffentlicher Versteigerung verkauft werden. Diese Versteigerung wird morgen Mittag statt=

finden, Herr Leslie braucht Sie ja nur wieder zu kaufen — wenn er die Mittel dazu hat."

Aber Cora hörte ihn nicht. Der Name von Augustus Horton erweckte alle ihre Furcht vor der Verfolgung eines niedrigen und herzlosen Wüstlings. Sie glaubte schon in seiner Gewalt, seine Sclavin und willenlos seinen Launen preisgegeben zu sein.

Außer sich vor Schrecken klammerte sie sich krampfhaft an ihren Vater an.

„Nein, nein!" schrie sie, „verlaß mich nicht. Ich werde sonst sterben, ich werde wahnsinnig werden. Vergessen Sie, daß dieser Mann da, der Mörder meiner Mutter war?"

„Still, still!" flüsterte Gerald, „unglückliches Mädchen, bringe ihn nicht auf."

„Ich hoffe, Herr Leslie," sagte Craig, als Cora sich noch immer an ihren Vater anklammerte, „daß Sie uns nicht nöthigen werden, Gewalt zu gebrauchen."

„Tödten Sie mich, tödten Sie mich lieber, als daß Sie mich diesem Manne ausliefern," rief Cora.

Der Mulatte zog ein Messer aus der Tasche und reichte es dem verzweifelnden Vater. „Besser, Sie tödten sie, Massa, flüsterte er, als daß sie das Schicksal ihrer Mutter trifft."

Gerald Leslie stieß den Sclaven mit einer Geberde des Abscheues zurück. „Nein, nein," rief er, „alle Hoffnung ist noch nicht verloren. Zwischen heute und morgen kann gewiß noch etwas gethan werden. Ich will Gilbert aufsuchen, Du wirst gerettet werden, mein geliebtes Kind, Du wirst gerettet werden."

Zwei von den Männern des Sheriefs näherten sich jetzt dem Vater und der Tochter, um die Octrone fortzuführen. Aber Cora klammerte sich nur um so fester an ihren Vater an.

„Vater, Vater!" schrie sie.

Auf ein Zeichen von Craig ergriffen sie das Mädchen und schleppten es fort. Glücklicher Weise verlor sie das Bewußtsein und sank ohnmächtig in die Arme der Männer, die sie führten, zusammen.

Silas betrachtete diese herzzerreißende Scene mit schadenfrohem Lächeln.

„Seit Jahren, Gerald Leslie," sagte er, haben Sie und Ihres Gleichen, hochmüthig und verächtlich auf mich herabgeschaut. Aber die Reihe ist, wie ich glaube, endlich auch an mich gekommen. Es ist eine harte Sache für einen Mann, wenn er so arm ist, daß er seine Lieblingstochter verkaufen muß."

„Elender," rief der bekümmerte Vater. „Heute triumphirst Du, doch wisse, daß der Himmel zuweilen solche, wie Du bist, eine Zeit lang begünstigt, um sie später desto sicherer mit der wohlverdienten Strafe zu treffen. Der Tag wird vielleicht kommen, wo Du vor mir im Staube kriechen und meine Verzeihung anflehen wirst."

Fünfundzwanzigstes Capitel.
Die Geschichte von Pauline Corsi.

Auf der Villa Moraquitos ging Alles so ruhig seinen Gang, als ob nichts Außergewöhnliches vorgefallen wäre. Der Spanier legte nach wie vor die größte Zärtlichkeit für seine Tochter an den Tag, aber nichts destoweniger gab er ihr kurz nach der Scene in dem Spielhause seine Absicht kund, Pauline Corsi zu heirathen. Das Erstaunen des jungen Mädchens bei dieser Nachricht kannte keine Grenzen. Die Möglichkeit, daß ihr Vater eine zweite Ehe eingehen könnte, war ihr niemals in den Sinn gekommen. Sie kannte seine Liebe zu ihrer Mutter, sie wußte, welchen Schmerz ihm ihr Tod bereitet hatte und die Ankündigung, daß er die junge leichtfertige Französin heirathen werde, machte sie deßhalb ganz verwirrt.

Dies also war die Erfüllung der ehrgeizigen Hoffnungen, auf welche Pauline angespielt hatte.

Da Camilla weder Habsucht noch Geiz kannte, so verursachte ihr die Nachricht von der Heirath ihres Vaters keinen Kummer. Sie war im Gegentheil erfreut darüber, daß ihr Vater für seine alten Tage eine Lebensgefährtin gefunden habe und sie wünschte nur, daß Pauline sich seiner Zuneigung würdig erweisen und ihn glücklich machen möchte. Daß ein schreckliches Geheimniß bei dieser Heirath die Hauptrolle spielte, konnte sie am wenigsten vermuthen. Auf der andern Seite war auch der Gedanke, daß durch eine Verminderung ihres Vermögens auch die Hindernisse, welche ihrer Verbindung mit Paul entgegen standen, verringert würden, ganz geeignet, sie mit neuen Hoffnungen für die Zukunft zu erfüllen.

Doch wir müssen jetzt in unserer Erzählung einen Schritt zurückthun, um für das rechtzeitige Erscheinen von Paul Lisimon, Capitain Prendergills und dem Matrosen Joe in dem geheimen Spielhause eine Erklärung zu geben. Man wird sich erinnern, daß Camilla Moraquitos das braune Gesicht des Matrosen im Parterre des Opernhauses erkannt hatte. Auch der ehrliche Joe hatte die Dame wieder erkannt, die ihn an diesem Morgen so freigebig belohnt hatte. Die „Amazone" lag im Hafen von New-Orleans vor Anker und Joe hatte von Paul Lisimon den Auftrag empfangen, seinen Brief an Camilla zu überbringen, zugleich aber auch vom Capitän bis zum nächsten Morgen Urlaub erhalten. Mit dem Gelde der Dame in der Tasche, beschloß der Matrose sich einen guten Tag zu machen. Angezogen von der glänzenden Beleuchtung und dem Hinzuströmen der Menge, war er bei seinen Wanderungen durch die Straßen in's Theater gerathen. Da aber hier das Stück nicht nach seinem Geschmacke war, so suchte er sich die Langeweile dadurch zu vertreiben, daß er sich die glänzende Gesellschaft in den Logen etwas näher besah.

So fielen seine Blicke auch auf Camilla Moraquitos. Von dem Augenblicke an, wo er sie erkannt hatte, verwendete er kein Auge mehr von ihrer Loge. War sie nicht die Geliebte des nunmehrigen ersten Offiziers der Amazone, des intimen Freundes seines Capitäns und war es deshalb nicht seine Pflicht auf sie zu sehen? Als er Augustus Horton sich über Camilla's Stuhl lehnen sah, so kam ihm sogleich der Gedanke, daß er ein Bewunderer der Dame und ein Nebenbuhler Paul Lisimon's sein möchte. Entschlossen, die beiden Personen, die sein Interesse erregt hatten, genau zu beobachten, drängte er sich sogleich hinaus, als er sah, daß der Pflanzer mit Camilla die Loge verließ. Er kam gerade noch zur rechten Zeit vor dem Theater an, um zu sehen, wie Augustus die Dame in den Wagen hob. Auch ihr kurzes

Gespräch am Wagenschlage hörte er mit an. War seine Neugierde durch das, was er bisher wahrgenommen, schon lebhaft genug erregt, so kannten sein Erstaunen und seine Entrüstung keine Grenzen mehr, als er sah, daß Augustus Horton in dem Wagen neben Camilla Platz nahm. Er hielt den Freund seines Capitäns für verrathen und beschloß augenblicklich der Sache auf die Spur zu kommen. Da der Wagen, als er davon fuhr, wegen des Gedränges zuerst langsam fahren mußte, so gelang es ihm zu folgen und hintenauf zu springen. Er war hinlänglich bekannt in der Stadt, um den Theil derselben, durch den sie jetzt fuhren, wieder zu erkennen. Als der Wagen anhielt, sprang er geräuschlos von seinem Sitze und verbarg sich in dem Thorweg eines gegenüberliegenden Hauses. Hier sah er genug, um sich zu überzeugen, daß nicht Alles mit rechten Dingen zuging, und daß jedenfalls Paul Lisimon's Glück in Gefahr stehe.

Als der Wagen weiter fuhr, hatte der Matrose Zeit genug, sich das Haus und die Umgebung näher anzusehen. So fand er heraus, daß es die Columbiastraße war. Dann lief er ohne Verzug nach dem Hafen, nahm ein Boot und fuhr an Bord der Amazone.

Obschon es schon spät war, so fand er den Capitän und Paul Lisimon doch in der Cajütte beisammen, da der erstere vor kaum einer Viertelstunde von einem Besuche in der Stadt zurückgekehrt war. Joe erzählte ohne Umschweife, was er gesehen, und zehn Minuten darauf befanden sich Paul und der Capitän am Ufer. Der letztere kannte das Haus in der Columbiastraße sehr wohl.

„Mehr als einen Dollar habe ich in seinen verfluchten Mauern verloren," sagte er, als sie durch die stillen Straßen der Stadt eilten, „aber das wird uns jetzt zu gut kommen, denn die Leute im Hause kennen mich und ich selbst kenne den Kniff mit dem Federschlosse an der Hausthüre und so können wir leicht in das Höllennest gelangen. Einmal darin, werden wir bald ausfindig machen, wo das Alles hinaus will, und ob Don Juan's Tochter Sie betrügt."

„Sie mich betrügen!" rief Paul unwillig, „sie ist die lautere Treue und Wahrheit. Wenn aber der Mann, der sich bei ihr befindet, derjenige ist, den ich vermuthe, so ist sie eben so gut das Opfer eines nichtswürdigen Verraths geworden, wie ich es bin."

In Folge der genauen Ortskenntniß des Capitäns Prendergills hatten sie keine Schwierigkeit in das geheimnißvolle Haus zu gelangen. An der Stiege kam ihnen aus einem kleinen Zimmer ein Mann entgegen, der sie, als er einen alten Bekannten vor sich sah, ohne Umstände passiren ließ. Kaum aber waren sie oben an der Stiege angelangt, als der Hilferuf von Camilla Moraquitos zu ihren Ohren drang. Er kam aus einem langen Gange zu ihrer Linken. Als sie denselben hinunter eilten, ließ sich ein zweiter Ruf vernehmen, der ihnen die Thür des Zimmers anzeigte, die sie sofort einsprengten. Das Uebrige ist den Lesern bereits bekannt.

Der Brief, durch welchen Silas Craig den Vater Camilla's aus der Theaterloge weglockte, bildete einen Theil des Complotes, welches der Pflanzer und der Advokat miteinander ausgekocht hatten.

Die Geschäfte, welche Don Juan mit Silas Craig hatte, waren sehr verwickelter Art und so gelang es dem letzteren, seinen Clienten bis lange nach Mitternacht aufzuhalten.

*   *   *

An dem Tage, wo Silas Craig in Begleitung des Sheriefs und seiner Leute in das Haus von Gerald Leslie eindrang, saßen Pauline Corsi und Camilla Moraquitos wieder in dem Boudoir der letzteren beisammen. Die „Amazone" war von New-Orleans abgesegelt, Paul Lisimon der Gefahr der Verhaftung entrückend, aber ihn auch von Derjenigen entfernend, die er liebte.

Die Dinge näherten sich offenbar einer Krisis. In we=

nigen Tagen sollte die französische Gouvernante die Frau des Don Juan Moraquitos werden, aber der reiche Spanier hatte nicht das Aussehen eines glücklichen Bräutigams. Er besuchte jetzt nur selten die Gemächer seiner Tochter, wo er Paulina treffen konnte, sondern verbrachte die Tage in düsterem Sinnen in seinem Studirzimmer, wo Niemand zugelassen wurde. Camilla war über diese Veränderung untröstlich. Sie wagte aber ihren Vater nicht nach dem Grunde derselben zu fragen. Zuweilen bildete sie sich ein, er mache sich Vorwürfe wegen seiner zweiten Heirath, wodurch ihr Vermögen verkürzt werde.

„Wenn er wüßte, wie wenig ich mir aus dem Gelde mache, das Andere so sehr schätzen," dachte sie, „wenn er wüßte, wie glücklich ich in dem kleinsten Hause sein könnte, wenn ich es mit Denjenigen, die ich liebe, theilen dürfte, so würde er keine Besorgnisse darüber hegen, daß er mir einige Tausend entfremdet."

Das Vertrauen, welches zwischen Camilla und Pauline an dem Tage, wo Augustus Horton in seiner Bewerbung abgewiesen wurde, begonnen hatte, dauerte auch jetzt ungeschwächt fort und Camilla suchte nun ganz allein bei der Französin Trost und Hoffnung.

Unerklärliches Räthsel der menschlichen Natur! Das

ehrgeizige und leichtfertige Wesen, das kein Bedenken trug, sich durch ein verbrecherisches Geheimniß einen reichen Mann zu erkaufen, war nicht ganz ohne bessere Gefühle. Pauline liebte ihre Schülerin, sie liebte sie zwar nur mit der leichten Liebe einer selbstsüchtigen Natur, aber es ist doch schon etwas, daß überhaupt noch ein Funken von Zuneigung in ihrem Herzen Raum fand.

„Sie sind traurig, Camilla?" sagte sie, von ihrem Stickrahmen aufblickend und das gedankenvolle Gesicht des jungen Mädchens betrachtend.

Camilla fuhr aus ihren Träumereien empor.

„Kann ich anders als traurig sein," sagte sie, „wenn ich an ihn denke? Wenn ich denke, daß er fern ist, ich weiß nicht wo, sein Name mit Schmach gebrandmarkt, er selbst ein Verbannter und Flüchtling."

„Thörichtes Kind, habe ich Ihnen nicht bereits gesagt, daß der Tag, der meine ehrgeizigen Wünsche erfüllen wird, auch Ihre Liebe krönen soll?"

„Wenn ich Ihnen nur Glauben schenken dürfte, Pauline," seufzte Camilla.

„Und warum können Sie mir nicht glauben? Sehe ich aus wie eine, die nicht den Willen besitzt, ihre Wünsche durchzusetzen? Sehen Sie in mein Gesicht und sagen Sie mir, ob dort ein einziger Zug ist, aus welchem Schwäche spricht?"

Camilla betrachtete das Gesicht ihrer früheren Gouvernante mit forschendem Blicke. So jugendlich dasselbe aussah, so zart die Züge, so klar und glänzend die blauen Augen waren, so lag doch zugleich ein Ausdruck von Entschiedenheit und Entschlossenheit darin, wie man ihn selten in den Gesichtern starker Männer findet.

„Pauline," rief Camilla, „Sie sind ein wahres Räthsel."

„Nein," antwortete die Gouvernante, während sich ihre klaren Augen ausdehnten und ihre Lippen von unterdrückter Bewegung zitterten, „nein, Camilla, ich bin ein gekränktes Weib!"

„Gekränkt?"

„Ja. Sie, deren Leben so ruhig dahin floß, wie jener Strom, dessen Busen die Strahlen der Sonne vergolden, Sie haben niemals gewußt, was es ist, sein ganzes Dasein durch fremde Verbrechen vergiftet zu sehen. Es gibt Ungerechtigkeiten im Leben, welche einen Engel in einen Teufel verwandeln können. Deßhalb wundern Sie sich nicht, wenn Sie mich kalt, herzlos, ehrgeizig und ränkevoll sehen. Mein Gemüth ist durch die Ereignisse meiner Jugend verkehrt wor=

den. Ich sagte, daß ich Ihnen eines Tages meine Lebens= geschichte erzählen werde. Soll ich sie Ihnen jetzt er= zählen?"

„Ja, Pauline, ja, wenn es Ihnen nicht zu schmerz= lich ist."

„Es ist zwar schmerzlich, aber ich fühle ein wildes Ver= gnügen in dem Schmerze. Ich knirsche die Zähne bei der Erinnerung an das alte bittere Unrecht, aber ich rufe es gerne zurück, weil der Gedanke daran mich stark macht. Ich war unter einem fürstlichen Dache geboren und meine Wiege stand in einem Palast. Der Mann, den ich meinen Vater nannte, war ein Herzog, die Frau, deren glänzende Schönheit meine Kindheit anlächelte, eine Herzogin."

„Sie waren also Ihre Eltern?" fragte Camilla.

„So mußte ich denken, Sie waren Italiener und stamm= ten von den mächtigsten Familien des Südens ab. Sie waren schon mehrere Jahre verheirathet und hatten bereits die Hoffnung aufgegeben, einen Erben ihres alten Namens zu erhalten, welcher mit ihnen erlöschen sollte. Der Ge= danke daran hatte den Herzog gleichgültig gegen sein schönes Weib gemacht. Ja, es war mehr als Gleichgültigkeit, es war eine wirkliche Abneigung, die er gegen sie fühlte und trotz aller Mühe nicht ganz verbergen konnte. Die Herzogin war eine stolze und gebieterische Frau und die Veränderung, die mit ihrem Gemahl vorgegangen, blieb ihr nicht lange verborgen. Als sie die Entdeckung machte, daß sie in der Blüthe ihrer Jugend und Schönheit von ihrem Gemahl vernachlässigt sei, ging in ihrem Wesen eine vollständige Veränderung vor. Jeden Tag wurde sie hochmüthiger, kricklicher und launiger. Sie schloß sich gegen die fröhliche Welt, in der man sie bewundert hatte, ab und gab sich einer stummen Trauer hin. Dabei verhärtete ihr Gemüth immer mehr. Ihr eigenes Unglück machte sie nur mitleidloser gegen fremdes."

„Der Herzog bemerkte dieses dumpfe Schweigen, diese düstere Verzweiflung. Er konnte ihr nicht jene Neigung zurückgeben, die er nicht mehr für sie fühlte, aber er suchte sie durch eine Ortsveränderung und durch jene seichten Vergnügungen, in denen sich die vornehme Welt gefällt, zu zerstreuen. Er nahm sie mit sich nach Paris, wo sie die häuslichen Sorgen in dem Strudel der rauschenden Vergnügungen vergessen sollte. Aber die Herzogin weigerte sich, an denselben Theil zu nehmen und schloß sich beharrlich in ihren Gemächern ein. Drei Monate nach ihrer Ankunft trug sich ein Ereigniß zu, welches ihren ganzen Lebensgang veränderte. Durch das Geplauder ihrer Kammerfrau ließ sich die Herzogin verleiten, eine alte Wahrsagerin, welche damals in Paris einiges Aufsehen erregte, zu sich entbieten zu lassen. Es war fast Mitternacht, als Jeanette das Weib durch eine Seitenthür einführte. Das Mädchen hatte ohne Zweifel alle Geheimnisse ihrer Gebieterin der Wahrsagerin erzählt und diese verstand es, die so erlangte Kenntniß auf's Beste zu verwerthen. Nachdem sie der Herzogin ihr ganzes vergangenes Leben, ihre Leiden und Sorgen vorgeführt hatte, prophezeihte sie ihr, daß sie noch vor Ablauf des Jahres den Herzog mit einem Kinde beschenken werde. Bei dieser Nachricht gerieth die Herzogin fast außer sich vor Entzücken. Eine Woche später kam die Wahrsagerin wieder. Diesmal wurde sie von der Herzogin allein empfangen und die Unterredung dauerte so lange, daß Jeanette neugierig wurde und Mittel fand zu horchen."

„Die Herzogin erschien jetzt auf einmal wie umgewandelt. Sie schloß sich nicht länger von der Welt ab. Von Schönheit und Freude strahlend, trat sie wieder in die Gesellschaft und wenige Monate darauf wurde der Herzog benachrichtigt, daß er in kurzer Zeit Vaterfreuden genießen werde. Als er dies hörte, drang er auf schleunige Rückkehr nach Italien, damit das Kind auf dem Grund und Boden geboren werde, der ihm einst als Erbtheil zufallen sollte. Aber in diesem Punkte hatte die Herzogin eine eigenthümliche

Laune. Sie war entschlossen, Paris nicht zu verlassen und der Herzog konnte es nicht über sich gewinnen, sich in dieser Zeit ihren Wünschen zu widersetzen."

"Zwölf Monate nach dem ersten Besuche der Wahrsagerin wurde ein Kind geboren und in dem Hause des Herzogs erzogen. Dieses Kind war ich. Von der frühesten Kindheit an gehätschelt und verzogen, von Glanz und Luxus umgeben, war ich glücklich, denn ich hatte viel von der leichtsinnigen Natur meiner Pariser Vaterstadt an mir; aber, obschon noch Kind, wußte ich doch schon, daß man mich nicht liebte. Ich sah, wie andere Frauen ihre Kinder anblickten und fühlte wohl, daß solche Blicke mütterlicher Zärtlichkeit niemals auf mir ruhten. Der Herzog überhäufte mich mit Geschenken, aber er liebkoste mich niemals, wie andere Väter ihre Kinder, und ich fühlte nur zu bald, daß mir zu meinem Glücke etwas fehlte. Jahre gingen dahin, das Kind reifte zur Jungfrau heran und zum ersten Male empfand ich jetzt, was Liebe sei. Ein junger Künstler, welcher mein Portrait malen sollte, verliebte sich in mich, und seine Liebe fand Erwiederung. Zum ersten und einzigen Male in meinem Leben liebte ich, und diese Liebe war eben so innig als standhaft."

"Der Maler, obschon hübsch, ehrenwerth, hochstrebend und ausgezeichnet, wurde mit Schimpf und Schande aus dem herzoglichen Hause getrieben. Was hätte er für ein größeres Verbrechen begehen können, als die Tochter eines der stolzesten italienischen Geschlechtes zu lieben?"

„Dies war die erste bittere Erfahrung meines Lebens. Mein Geliebter schrieb mir einen verzweifelten Abschiedsbrief und wanderte nach Amerika aus. Bis jetzt habe ich trotz aller Mühe noch nicht erfahren können, in welchen Theil dieses großen Continents er sich begeben hat."

„Arme Pauline!"

„Zwölf Monate darauf wurde Jeanette, die Kammerfrau der Herzogin, gefährlich krank. Auf ihrem Todtenbette ließ sie den Herzog holen und vertraute ihm ein schreckliches Geheimniß an. Ich war nicht die Tochter der Herzogin, sondern ein untergeschobenes Kind, das, von armen Eltern abstammend, von der alten Pariser Wahrsagerin in das herzogliche Haus eingeschmuggelt worden war."

„O Himmel, wie schrecklich!"

„Es war in der That schrecklich. Der Zorn des Herzogs kannte keine Grenzen. Er war ein stolzer Mann und konnte es nicht verwinden, daß er siebzehn Jahre lang durch das unterschobene Kind einer niedrig gebornen Französin betrogen und zum Besten gehalten wurde, durch das Kind, das er in die ersten Gesellschaften des Landes eingeführt und dessen Schönheit, Bildung und feines Benehmen sein größter Stolz waren. Sein Zorn war sogar mehr gegen mich, das unschuldige Werkzeug, als gegen die schuldige Herzogin gerichtet. Mit Verachtung trieb er mich aus dem Hause, und ich, die verzogene Erbin, wanderte als Verbannte und arm wie eine Bettlerin durch die Straßen von Genua. Bevor ich die Stadt verließ, holte mich der Verwalter des Herzogs ein und übergab mir von seinem Herrn eine Brieftasche, welche fünfundzwanzigtausend Francs enthielt. Meine erste Regung war, die Brieftasche dem Ueberbringer vor die Füße zu werfen und ihm zu sagen, er möge seinen Herrn davon benachrichtigen, wie ich sein Geschenk behandelt habe. Aber plötzlich kam mir ein anderer Gedanke. Diese Summe würde mich in den Stand setzen, zu gehen, wohin es mir beliebte. So konnte ich auch nach Amerika reisen und denjenigen aufsuchen, den ich liebte. Zwei Monate darauf landete ich in New-York. Ich reiste von Stadt zu Stadt, aber nirgends konnte ich etwas von dem Gesuchten in Erfahrung bringen. Ermüdet durch diese fruchtlosen Versuche kam ich endlich nach New-Orleans, und da meine Baarschaft durch die kostspieligen Reisen beinahe erschöpft war, so nahm ich die Stelle einer Gouvernante in Ihrem Hause an. Das Uebrige ist Ihnen bekannt."

Sechsundzwanzigstes Capitel.
Die Sclavenversteigerung.

Um zwölf Uhr am Tage, welcher der Trennung Gerald Leslie's und seiner Tochter folgte, fand die Sclavenversteigerung in einem öffentlichen Lokale zu New-Orleans statt. Der dazu bestimmte Saal war so geräumig, daß er gegen hundert Personen faßte. An dem einen Ende desselben stand die Bühne für den Ausrufer, und unmittelbar darunter befand sich ein großer runder Tisch, auf welchem die Sclaven, einer nach dem andern, sich aufstellten, während der Ausrufer ihre guten Eigenschaften pries. Um diesen Tisch herum standen Bänke, auf denen die Käufer und Zuschauer Platz nahmen.

Die Arbeiter auf der Pflanzung wurden zuerst versteigert, und der Verkauf dauerte bereits mehrere Stunden, als Toby, der Mulatte, langsam auf den Tisch stieg und sich zum Beschauen ausstellte.

Das Aussehen des Sclaven war traurig und sorgenvoll und als er auf dem Tische stand, schaute er sich ängstlich um, als ob er unter der Versammlung Jemand zu sehen hoffte. Er war aber augenscheinlich in seiner Erwartung getäuscht, denn nachdem er die versammelte Menge sorgfältig gemustert hatte, stieß er einen tiefen Seufzer aus und ließ sein Haupt mit einer Geberde der Verzweiflung auf die Brust sinken. Das Bieten auf Toby dauerte einige Zeit und der eifrigste Steigerer war Silas Craig selbst, der auf einer Bank nahe an dem Tische saß und sich damit unterhielt, daß er mit seinem Bowiemesser an einem Stückchen Holz schnitzelte. Ein Käufer nach dem andern stellte das Bieten ein, und der Mulatte wurde dem Advokaten zugeschlagen. Als der Hammer des Ausrufers auf den Tisch niederfiel und so der Kauf als abgeschlossen erklärt wurde, zeigte sich ein Ausdruck von Haß und Triumph in dem Gesichte des Sclaven Toby, und als er vom Tische herabstieg, suchte seine Hand mechanisch etwas in der Brusttasche seiner Jacke. Dieses Etwas war das Messer, mit dem sich Francillia getödtet und das der Mulatte am Tage vorher seinem Herrn Gerald Leslie angeboten hatte. Toby zog sich langsam in eine Ecke des Saals zurück, wo mehrere andere von Silas gekaufte Sclaven standen, das Ende der Versteigerung abwartend.

Es war jetzt eine kurze Pause eingetreten. Mehrere aus

der Versammlung fragten laut, was zunächst ausgeboten werden solle. Der Ausrufer antwortete darauf: „Das Octronen-Mädchen Cora."

Wieder trat eine Pause ein. Den meisten Anwesenden war die Geschichte von Gerald Leslie und seiner Tochter bekannt und die allgemeine Spannung hatte deshalb einen hohen Grad erreicht, als die Octrone aus einer Gruppe von Sclaven, hinter denen sie sich verborgen hatte, hervorkam und langsam auf den Tisch stieg.

Niemals in ihren glücklichsten Tagen, niemals als sie noch von Prunk und Luxus umgeben war, hatte Cora so reizend ausgesehen, als in diesem Augenblicke. Ihr Gesicht war weißer als Marmor. Ihre großen schwarzen Augen bargen sich unter den mit langen seidenen Franzen besetzten Lidern. Die reiche Fülle ihres rabenschwarzen Haares war von der rohen Hand eines Aufsehers gelöst worden und fiel jetzt in schweren Massen über ihre Taille herab. Ihre schlanke, aber abgerundete Form trat in dem einfachen Battistkleide auf das Vortheilhafteste hervor und ihre entblößten Arme und Schulter hätten jedem Bildhauer als Modell dienen können.

Ein Gemurmel der Bewunderung durchlief die Versammlung, als die Octrone ihren Platz auf dem Tische einnahm. Alle hatten von ihrer Schönheit gehört, aber Wenige hatten geglaubt, daß sie wirklich so reizend sei. Gläser und Lorgnetten und Blicke frecher Bewunderer waren auf das unglückliche Mädchen gerichtet. Aber sie sah sie nicht. Sie hatte kaum einen Begriff davon, was sie auszustehen hatte. Ihr ganzes Bewußtsein ging nur in dem einen Gedanken auf, ob ihr Vater erscheinen und sie befreien werde. Als sie einen Augenblick ihre Augen erhob, schwammen ihr die Gegenstände und die Gesichter der Anwesenden wie Nebel vor den Augen, während der Ton der vielen Stimmen wie ein verwirrtes Gemurmel an ihr Ohr schlug. Sie horchte nur nach der einen Stimme, welche ihr melden würde, daß Hülfe nahe sei. Aber diese Stimme ließ sich nicht vernehmen und sie hörte statt derselben nur die schrillen Töne des Ausrufers, welcher ihre Reize pries, die dem höchsten Bieter zugeschlagen werden sollten.

In diesem Augenblicke traten zwei Männer durch verschiedene Thüren in den Saal; der eine war Augustus Horton, der andere Gilbert Margrave.

Gerald Leslie und der Ingenieur hatten den Morgen in verzweifelnder Trostlosigkeit zugebracht. Alles Geld, worüber der zu Grunde gerichtete Pflanzer verfügen konnte, bestand aus einigen tausend Dollars, und Margrave hatte nur den Bedarf für seine Reise mit sich gebracht. Er besaß zwar auch Creditbriefe auf ein New=Yorker Bankhaus, er wußte aber wohl, daß nur baares Geld Cora von ihren Verfolgern retten konnte. Auch betrug die ganze Summe, über die er verfügen konnte, wenig mehr als zwanzigtausend Dollars.

Gilbert Margrave war der erste, der ein Gebot that.

„Fünftausend Dollars."

„Sechstausend," rief Augustus Horton.

Unter der Versammlung ließ sich ein Kichern vernehmen.

„Ich denke, Fremder, Sie haben etwas zu niedrig angefangen," sagte ein Pflanzer in seiner Nähe.

„Siebentausend."

„Zehn!" rief Augustus.

„Ich denke, wir wollen Ihnen zeigen, was ein Sclaven= verkauf ist, Fremder," sagte ein anderer Pflanzer, indem er ein Stück Tabak abschnitt und in den Mund schob.

Gilbert Margrave wurde bleich. Er fühlte, daß der Mann, mit dem er es zu thun hatte, sich nicht so leicht aus dem Felde schlagen ließ.

„Zwölftausend! — fünfzehn! — zwanzig!"

Hier trat eine augenblickliche Pause ein. Gilbert athmete auf. Er dachte schon, daß Horton's Laune minder stark sei, als seine Liebe zum Gelde. Er kannte nicht die entschlossene

Leidenschaft des Pflanzers, dessen Stolz schon den Gedanken an ein Zurücktreten nicht aufkommen ließ.

"Fünfundzwanzigtausend Dollars," rief Horton.

Gilbert war still. Während dieser ganzen Scene hatte die Octrone ihre Augen niemals vom Boden erhoben, aber bei diesem verhängnißvollen Schweigen schlug sie dieselben auf und sah ihren Geliebten flehentlich an. Ein Blick der Verzweiflung begegnete dem ihrigen. Alle Hoffnung war vorüber.

Das Bieten dauerte fort. Neben Augustus Horton ließen sich noch drei bis vier Stimmen vernehmen. Die Scene war voller Aufregung. "Dreißig, fünfunddreißig, vierzigtausend Dollars wurden geboten; fünfundvierzig, fünfzigtausend."

Das letzte Gebot kam von Augustus Horton, und der Hammer des Ausrufers fiel mit einem verhängnißvollen Schlage nieder.

Cora gehörte ihm.

Gilbert Margrave sprang vor, als ob er den Pflanzer schlagen wollte, aber eine freundliche Hand legte sich auf seine Schulter und eine Gruppe von Amerikanern suchte ihn zurückzuhalten.

"Sie werden besser daran thun, Ihren Aerger zu unterdrücken, Fremder," flüsterte ihm Einer in's Ohr. "Unser Volk ist gerade jetzt nicht sehr erbaut über Ihre Landsleute, und es gibt hier Leute genug, die sich nicht lange besinnen würden, ihre Bowiemesser zu ziehen. Lassen Sie ihm das Mädchen. Hat man jemals gehört, daß solch ein Lärm wegen einer hübschen Sclavin war?"

Augustus Horton näherte sich jetzt dem Platze, wo Gilbert stand. "Herr Margrave," sagte er, "ich habe Sie früher schon geschlagen und ich denke, daß ich heute das Vergnügen gehabt, Ihnen einen zweiten Schlag zu versetzen."

Wieder würde Margrave auf ihn eingesprungen sein, aber wieder wurde er von denen, die ihn umgaben, zurückgehalten.

"Wir haben noch ein zweites Duell auszufechten, Herr Horton," sagte er, "und in diesem werden Sie vielleicht nicht so gut davon kommen."

"Wir Bürger von New-Orleans schlagen uns nicht wegen farbiger Mädchen," antwortete Horton, sich verächtlich abwendend und auf den Platz zugehend, wo Cora mit Toby und den andern Sclaven stand.

Gilbert Margrave machte sich aus den Armen derjenigen, die ihn hielten, frei. "Ich muß ihm folgen," sagte er, "ich muß mit ihm sprechen. Ich gebe Ihnen mein Ehrenwort, daß ich keine Gewaltthätigkeit im Sinne habe, aber ich muß mit ihm sprechen. Leben und Tod hängt davon ab.

Wie kann ich zu Gerald Leslie zurückkehren, um dem verzweifelten Vater zu sagen, daß ich machtlos war, sein einziges Kind zu retten?"

Als Gilbert auf Horton zutrat, stand dieser in einer kleinen Entfernung von der Gruppe der Sclaven und betrachtete Cora mit dem Blicke der Bewunderung, mit dem der Herr sein Eigenthum beschaut. Sie war nicht mehr das Weib, das ihn verachtete und zurückwies, sie war seine durch Kauf erworbene Sclavin, über die ihm das Gesetz ein volles und unbestrittenes Recht einräumte.

„Herr Horton," sagte Gilbert mit einer Stimme, die von Aufregung bebte, „wollen Sie mir gestatten, einige Augenblicke mit Ihnen zu sprechen?"

Der Pflanzer machte eine kurze Verbeugung.

„Wohlan, mein Herr," sagte er, als sie etwas zur Seite getreten waren.

„Sie wissen wohl, Herr Horton, daß ich Sie bei dem Verkaufe der Miß Leslie überboten hätte, wenn ich die Mittel dazu gehabt hätte."

„Miß Leslie!" wiederholte er verächtlich. „Wir sind hier im Süden nicht gewohnt, die Sclaven Miß oder Herr zu nennen. Ich merkte es wohl, daß Sie mich bei dem Verkaufe dieses Octronen-Mädchens Cora gern überboten hätten, aber glücklicher Weise vermochten Sie es nicht. Hätten Sie hunderttausend Dollars geboten, so würde ich Sie immer noch überboten haben. Kein Mann vermag sich zu rühmen, daß er je auf wohlfeile Weise zwischen Augustus Horton und seinen Willen gekommen wäre."

"Noch einen Augenblick," sagte Gilbert, als Horton sich zum Gehen wandte, "die Summe, die ich so eben für Miß Leslie bot, war nur der Betrag dessen, was ich augenblicklich in baarem Gelde besaß, ich kann aber über weit bedeutendere Summen verfügen. Wenn mir Zeit gegeben wird, mich mit London oder New-York in Verbindung zu setzen, so werde ich die Summen, deren ich bedarf, erhalten. Ich wende mich an Ihren Edelmuth, um Sie zu bitten, eine schöne und große Handlung zu thun. Nehmen Sie einen Wechsel von hunderttausend Dollars von mir und geben Sie Miß Leslie ihrem Vater zurück."

Augustus Horton zuckte die Achseln. "Gerne wollte ich Ihnen zu Diensten sein, Herr Margrave," sagte er, "aber da ich gerade kein Geld brauche und die Grille habe, die Octrone selbst zu behalten, so muß ich Ihr freigebiges Anerbieten ablehnen."

Gilbert Margrave sah ihn verächtlich an. "Ich habe mich an Ihren Edelmuth gewendet," sagte er, "habe mich aber getäuscht. Sie sollen heute Abend wieder von mir hören."

Siebenundzwanzigstes Capitel.
Der Abend vor der Hochzeit.

Am Abend des Tages, an dem die Sclavenversteigerung stattgefunden hatte, saß Don Juan Moraquitos allein in dem Gemache, das er sein Studirzimmer nannte. Am folgenden Tage sollte seine Hochzeit mit Pauline Corsi stattfinden, und es waren Vorbereitungen getroffen worden, um sie mit all dem Glanze zu begehen, würdig eines so reichen Bräutigams. Pauline und Camilla befanden sich in den Gemächern der letzteren. Auf einem der Sopha's lagen Kleider von weißer Seide und Spitzen, welche die Braut und Brautjungfer am folgenden Tage tragen sollten. Auf einem der Tische stand eine Schachtel mit den Kränzen, welche die Französin für sich und Camilla ausgesucht hatte. Diese Schachtel war nicht geöffnet.

„Kommen Sie, theuerste Camilla," rief Pauline. „Wünschen Sie denn nicht die Pariser Blumen zu sehen, welche morgen dieses schöne Haupt schmücken sollen? Von dem gewöhnlichen weiblichen Fehler, der Neugierde, sind Sie jedenfalls frei!"

„Ich verlasse mich auf Ihren Geschmack, Pauline," antwortete Camilla.

„Das heißt, die ganze Sache ist Ihnen vollkommen gleichgültig und alle Ihre Gedanken sind nur auf Ihren Geliebten gerichtet, welcher wahrscheinlich Tausende von Meilen entfernt ist."

Camilla seufzte. Ihr Gesicht war abgewendet und sie sah nicht das schlaue Lächeln, welches auf dem Gesichte der Französin erschien. „Aber," fuhr Pauline fort, „ich muß darauf dringen, daß Sie über meine Wahl Ihr Urtheil abgeben."

Mit diesen Worten entfernte sie die Schnüre, mit denen die Schachtel zugebunden war, und nahm zwei Kränze heraus. Beide waren ganz gleich, kronähnlich gebunden, und bestanden aus Zweigen, Blüthen und Knospen von Orangen, so täuschend der Natur nachgeahmt, daß man glaubte, sie kämen aus einem Glashause. Selbst der Duft der Blumen fehlte nicht. Sie waren das Vollendetste, was die Pariser Kunst in diesem Zweige hervorbringt.

„Wie, Pauline," rief Camilla, „es sind ja beide Brautkränze."

„Können Sie sich den Grund davon denken?"

„Nein."

„Weil es morgen zwei Bräute geben wird. Ich breche niemals ein Versprechen. Morgen wird Don Juan Moraquitos sein Vermögen theilen. Die eine Hälfte wird er für sich und seine Frau behalten, die andere seiner Tochter und dem Gatten ihrer Wahl überlassen."

„Aber, Pauline, wie in aller Welt wollen Sie das bewirken?"

„Das ist mein Geheimniß. Es bleibt mir jetzt nur wenig Zeit, um mein Werk zu vollenden. Es ist jetzt neun Uhr, ich muß sogleich ausgehen."

„Ausgehen und zu dieser Stunde?"

„Es ist unumgänglich nothwendig."

„Aber, liebe Pauline, nehmen Sie doch meinen Wagen und lassen Sie mich mitgehen."

„Keines von beiden. Ich gehe zu Fuß und allein."

Sie eilte aus dem Gemach, ehe Camilla weitere Einwendungen dagegen erheben konnte und ganz verwirrt setzte sich diese an einen Tisch und betrachtete gedankenvoll die beiden Brautkränze.

An diesem Abende saß Silas Craig allein in dem Zimmer, in welchem sich die Karte der Vereinigten Staaten befand. Der Advokat hatte über den Mann triumphirt, der ihn verachtet hatte. Er hatte Gerald Leslie's stolze Natur in den Staub gebeugt und die Lieblingstochter eines zärtlichen Vaters an ihren tödtlichsten Feind verkaufen sehen. Silas Craig war ein Gewinner in dem Spiele des Lebens; was kümmerte es ihn, mit welchen Karten gespielt wurde? Er war reich und konnte Jedem Trotz bieten.

Er hatte nach der Anstrengung der Sclavenversteigerung vortrefflich gespeist und wiegte sich jetzt, seinen Wein schlürfend, in dem Schaukelstuhl. Seine Träumerei wurde durch den Eintritt eines Sclaven unterbrochen.

„Eine Dame, Massa," sagte der Mann.

„Eine Dame und zu dieser Stunde der Nacht? Du mußt träumen."

„Nein, Massa, ich ganz wach. Eine Dame, eine sehr schöne Dame mit weißer Hand und Ringen, welche wie die Sterne funkeln."

„Sagte sie Dir ihren Namen?"

„Nein, Massa, aber sie gab mir dieses."

Der Neger übergab seinem Herrn eine Karte, auf welcher der Name der Mademoiselle Pauline Corsi stand. Unter demselben standen folgende Zeilen geschrieben: „Es gibt vielleicht Geheimnisse, welche Silas Craig zu bewahren wünscht.

Ist dies so, so wird er gut daran thun, Mademoiselle Corsi zu sehen."

Wie alle gemeinen Naturen war Silas Craig ein Feigling. Die Karte fiel ihm aus der zitternden Hand und sein aufgedunsenes Gesicht nahm eine Aschenfarbe an.

"Laß die Dame herein," sagte er.

Der Sclave verließ das Zimmer und kehrte wenige Minuten darauf mit Pauline zurück. Während dieser wenigen kurzen Augenblicke hatte sich Silas Craig wieder gesammelt. Was konnte dieses Weib von seinen Geheimnissen wissen? War sie doch nichts weiter als die bezahlte Dienerin des Don Juan Moraquitos. Was konnte er von ihr zu fürchten haben?

Als die Gouvernante eintrat, war sein ganzer Uebermuth wieder zurückgekehrt und er stand weder auf, sie zu begrüßen, noch bot er ihr einen Stuhl an. Diese Unhöflichkeit war der Französin nicht entgangen. Mit einem herausfordernden Lächeln setzte sie sich dem Advokaten gegenüber und schlug den schwarzen Schleier zurück, welcher den oberen Theil ihres Gesichtes bedeckte.

"Wir werden uns schon bald besser verstehen, Herr Craig," sagte sie ruhig.

"Darf ich um den Grund dieses unzeitigen Besuches fragen?"

„Wir werden noch zur rechten Zeit dazu kommen," sagte Pauline lachend, „vielleicht sind mehrere Gründe vorhanden. Lassen Sie uns mit dem ersten Grunde beginnen."

„Ich muß Ihnen bemerken, Mademoiselle," sagte er, „daß dieses nicht meine Geschäftsstunden sind, und daß Sie, wenn Sie mir etwas Besonderes zu sagen haben, besser daran thun würden, zu einer andern Zeit vorzusprechen. Doch sollte ich denken, daß die Gouvernante des Don Juan Moraquitos nicht gerade viele Geschäfte mit Advokaten haben könne."

„Aber die Frau des Don Juan kann solche haben, Herr Craig."

„Die Frau."

„Ja, ich sehe, daß Ihr Klient nicht sein ganzes Vertrauen schenkt. Morgen um 12 Uhr werde ich den Namen Pauline Moraquitos tragen."

Die Wangen des Advokaten nahmen wieder die Aschenfarbe an. Wieder ergriff ihn ein plötzlicher Schrecken. Er fühlte, daß hier ein Geheimniß, von dem er zum ersten Male hörte, obwalten müsse.

„Ich kenne die Frage, die Sie aufwerfen wollen," sagte Pauline mit ruhiger Ueberlegung. „Sie wollen fragen, durch welchen Grund sich Don Juan Moraquitos zu einem solchen

Schritte bestimmen ließ. Ich beantworte die Frage, noch ehe sie gestellt ist. Der Grund ist ein sehr wichtiger."

Silas bebte vor dem Blicke zurück, welcher diese Worte begleitete. Pauline Corsi hatte sich nicht umsonst der Kraft ihres Willens gerühmt. Der Schuldbewußte, gewandt in allen Arten von Lügen und Chicanen, zitterte vor diesem schwachen Mädchen.

„Wollen Sie diesen Grund wissen?" sagte Pauline.

„Ja," stammelte er und schenkte sich ein Glas Wein ein. Dabei zitterte seine Hand so heftig, daß der Hals der Flasche an der Kante des Glases aufschlug und er die Hälfte des köstlichen Getränkes verschüttete, als er es an die Lippen führte. Er hatte keine Ursache, diese Französin zu fürchten, aber die Kraft ihres unbezähmbaren Willens übte eine magnetische Gewalt auf ihn aus und seine rohe Natur beugte sich vor derselben.

„Ich will Ihnen diesen Grund sagen, Silas Craig," antwortete Pauline. „Es gibt Geheimnisse, die einmal entdeckt, der Person, welche sie kennt, eine schreckliche und grenzenlose Macht über den schuldbewußten Elenden verleihen, den sie treffen. Solche Geheimnisse werden entdeckt, wenn es die Verbrecher am wenigsten befürchten, Geheimnisse, welche die Macht verleihen, den Schuldigen auf das Schaffot zu schleppen, Geheimnisse, welche tödten können. Verstehen Sie mich?"

„Nein," sagte er mürrisch.

„Denken Sie noch einmal nach, Silas Craig, ich glaube doch, ich habe deutlich gesprochen. Können Sie mich nicht verstehen?"

„Nein," wiederholte er mit einem schrecklichen Fluche.

„Dann muß ich also noch deutlicher sprechen. Silas Craig, vor dreizehn Jahren war ich so glücklich, mit einem solchen Geheimnisse bekannt zu werden."

Der Advokat erhob eine seiner zitternden Hände und wischte sich den kalten Schweiß von der Stirne. „Dreizehn Jahre," murmelte er.

„Ja," sagte sie, „ich sehe, Sie erinnern sich der Zeit. Ich war ein armes Mädchen von 17 Jahrnn, als ich dieses Geheimniß entdeckte. Ich bin jetzt dreißig Jahre. Habe ich es nicht lang' und geduldig bewahrt?"

Er antwortete nicht.

„Ich habe meine Zeit abgewartet. Ich wußte, daß mir dieses Geheimniß Reichthum und Macht bringen würde. Es betrifft zwei Männer und diese beiden sind meine Sclaven. Auf ein Wort von mir, stehen sie vor dem Gerichte dieser Stadt, mit Verbrechen gebrandmarkt und entehrt von ihren

Mitbürgern. Auf ein Wort von mir vertauschen sie ihre üppigen Wohnungen mit dem düstern Gefängnisse, von dem nur ein einziger Schritt zum Galgen ist. Soll ich Ihnen sagen, Silas Craig, wer diese beiden Männer sind? Der erste ist Don Juan Moraquitos, der zweite sind — Sie."

Das Wort schien wie eine Pistolenkugel von ihren Lippen zu zischen. Der Advokat fiel in seinem Stuhle zurück, als ob er einen Schlag erhalten hätte.

„Das Geheimniß bezieht sich auf jene Nacht, wo Don Tomaso Crivelli auf dem Todtenbette lag und wenige Stunden darauf an Gift starb. Es betrifft das Testament, das Sie nachgemacht haben, nachdem Sie das echte unterschlagen hatten. Es betrifft auch den jungen Mann, Namens Paul Lisimon, den Sie des Diebstahls angeklagt haben. Ich habe die Mittel in Händen, die Fälschung des Testaments zu beweisen. Sache der Gerichte ist es, das andere Verbrechen aufzudecken."

„Auf welche Weise entdeckten Sie dies?"

„Auf welche Weise mir dies gelang, ist gleichgültig, es genügt, daß ich die Entdeckung gemacht habe. Don Juan hat mir seinen Antheil an dem Verbrechen bereits eingestanden. Soll ich Ihnen jetzt den Preis für mein Geheimniß nennen?"

„Ja."

Jede Unverschämtheit, jeder Trotz war jetzt aus dem Benehmen des Advokaten verschwunden. Er demüthigte sich vor der Französin, wie ein Verbrecher vor dem Richter, aus dessen Munde er sein Urtheil erwartet.

„Don Juan wird mir seine Hand reichen und sein Vermögen mit mir theilen. Von ihm verlange ich nicht mehr. Wir werden unsern Aufenthalt in Paris nehmen und in den Vergnügungen meiner Vaterstadt werde ich die Leiden meiner Jugend vergessen. Aber obschon ich ehrgeizig bin, so bin ich doch nicht ganz selbstsüchtig und in meinem Triumphe wünsche ich auch das Glück Anderer zu sichern. Diese Andere sind Camilla Moraquitos und der junge Mann, dem man den Namen Paul Lisimon gegeben hat."

„Was aber habe ich mit ihnen zu schaffen?" fragte Silas Craig.

„Sie sollen sogleich hören. Durch ein schändliches und niederträchtiges Complot, dessen Einzelheiten ich nicht kenne, das aber jedenfalls der Person, die es ausgekocht hat, würdig ist, haben Sie es dahin gebracht, den Namen von Paul Lisimon mit Schande und Schmach zu brandmarken. Dieses Complot werden Sie aufdecken. Sie werden diese schändliche Anklage zurücknehmen und durch eine Ankündigung in sämmt=

lichen hier erscheinenden Blättern den jungen Mann für unschuldig erklären. Sie können sagen, daß die Anklage auf einem Mißverständnisse beruht habe. Sie sind so allgemein beliebt und geehrt, daß man Ihnen Glauben schenken wird. Dies ist meine erste Bedingung. Nehmen Sie dieselbe an?"

Silas Craig verbeugte das Haupt. Er vermochte kaum zu sprechen.

„Meine zweite Forderung ist, daß Sie das echte Testament, worin Don Tomaso Crivelli sein ganzes Vermögen seinem einzigen und rechtmäßigen Sohne Paul Crivelli, bekannt unter dem Namen Paul Lisimon, hinterließ, mir aushändigen."

Der Advokat gab wieder seine Zustimmung.

„In Verbindung mit Don Juan Moraquitos werden Sie diesem jungen Manne das Vermögen seines Vaters zurückerstatten, welches Sie nach Don Tomaso's Tode mit einander getheilt haben. Sie werden in dieser Beziehung keine Schwierigkeit bei Don Juan Moraquitos finden, denn obschon er ein Pirat und Abenteurer war, so ist er doch nicht so glücklich als Sie. Er hat immer noch ein Gewisses."

„Ist das Alles?" stöhnte der Wucherer.

„Ja. Ich denke wir verstehen uns jetzt etwas besser, als vor einer halben Stunde. Gute Nacht."

Sie verließ das Zimmer, ehe er etwas erwidern, oder den Neger rufen konnte, um sie hinaus zu begleiten. Es war beinahe 11 Uhr, aber die Straßen waren glänzend von dem Vollmonde beleuchtet, welcher hoch am Himmel stand. Pauline zog ihren Schleier dicht über ihr Gesicht. Sie war ganz schwarz gekleidet, wodurch sie der Beobachtung entging und sie eilte mit schnellen Schritten durch die verlassenen Straßen. Als sie etwa den halben Weg zu ihrer Wohnung zurückgelegt hatte, begegnete sie zwei Männern, welche langsam einherschlenderten und ihre Cigarre rauchten. Plötzlich blieb sie einen Augenblick stehen und sah dem jüngeren aufmerksam in's Gesicht.

„Es kann nicht sein," murmelte sie, „es kann nicht sein, das Mondlicht täuscht mich."

In diesem Augenblicke kamen sie an einen Gasthof, dessen Eingang glänzend beleuchtet war. Das Gaslicht fiel auf das Gesicht des jüngeren Mannes. Die beiden Herren traten in das Haus, während Pauline Corsi einige Schritte vor dem Thore stehen blieb und ihnen nachschaute.

„Kann ich mich täuschen?" sagte sie. „Und doch sieht es aus wie ein trügerischer Traum. Dreizehn trostlose Jahre und heute dieses Zusammentreffen."

Achtundzwanzigstes Capitel.
Die Entführung.

Dasselbe Mondlicht, welches die Begegnung von Pauline Corsi und den beiden Fremden in den Straßen von New-Orleans beleuchtete, beschien auch die breite Spiegelfläche des Mississippi und die weißen Mauern der prächtigen Villa von Augustus Horton. Das Haus und die Pflanzung von Hortonville waren einige Meilen von dem Gehölz entfernt, in welchem das Duell zwischen Augustus und Gilbert stattgefunden hatte. Die Umgebung der Villa war eben so schön als geschmackvoll und das Gebäude selbst, im Mondlichte besehen, hatte fast das Ansehen eines Feenpalastes.

Es war beinahe Mitternacht und die Dienerschaft des Pflanzers hatte sich sämmtlich zur Ruhe begeben. Nur zwei Personen wachten noch in dieser üppigen Behausung. Die erste war Augustus Horton, die andere Cora, die Octrone. Das unglückliche Mädchen war unmittelbar aus dem Ver=

steigerungssaale in dem Phaeton des Pflanzers nach Hortonville gebracht worden, während Adelaide Horton und ihre Tante, Frau Montresor, sich noch immer in ihrer Stadtwohnung befanden. Cora wagte sich kaum die Frage vorzulegen, warum Augustus Horton sie nicht in der Stadt gelassen, sondern nach seinem Landhause gebracht hatte. Die Antwort auf diese Frage war zu schrecklich. Geschah es nicht damit er das unglückliche Mädchen auf der einsamen Villa besser in seiner Gewalt hatte?

Das Zimmer, in welches man Cora geführt hatte, war noch glänzender ausgestattet, als ihr eigenes, geschmackvoll decorirtes Gemach in dem Hause ihres Vaters, aber sie blickte nur mit Schauder auf diese glänzende Umgebung. Sie wußte wohl, daß man die Sclaven sonst nicht so behandelt und sie begriff die unheilvolle Bedeutung dieses scheinbaren Wohlwollens. Die junge Mulattin, welche Cora in ihr Gemach führte, theilte ihr mit, daß sie den Befehl erhalten habe, Miß Leslie zu bedienen. Cora lachte bitter.

„Wer hat Dir geboten, mich Miß Leslie zu nennen?" fragte sie.

„Mein Gebieter, Herr Horton."

„Ach, mein gutes Mädchen," antwortete Cora. „Ich bin nicht mehr Miß Leslie. Ich bin eine Sclavin wie Du,

mit keinem andern Namen, als den mir mein Herr zu geben
beliebt. Er hat mich gekauft, gekauft in öffentlicher Verstei=
gerung. Mein Ruf, mein Glück, meine Ehre, ja selbst meine
Seele gehören, wie er glaubt, ihm."

In ihrer hoffnungslosen Lage begrub sie das Gesicht
in den Händen und schluchzte laut. Durch diesen Ausbruch
des Schmerzes wurde die Mulattin auf's Tiefste gerührt.

„Meine theure Gebieterin," sagte sie, „weinen Sie doch
nicht so. Sie werden hier keine Sclavin sein, ich weiß es
bestimmt, denn unser Herr hat diese prächtigen Zimmer eigens
für Sie herrichten lassen und Sie werden wie eine Königin
behandelt werden."

„Eine Königin," rief Cora, „ja eine Königin der kurzen
Laune eines Wüstlings, um dann unter die Füße getreten zu
werden. Gehe, mein gutes Mädchen, ich will Dich durch
meine Klagen nicht traurig machen. Du kannst mein Elend
nicht begreifen."

Es war in der That für diese arme unwissende Sclavin
unmöglich, die Gefühle der hochgebildeten Jungfrau zu be=
greifen, die von einem geliebten Vater und von denjenigen
weggerissen war, der sie aus der Sclaverei befreit und zur
glücklichen Gattin gemacht haben würde. Cora trocknete ihre
Thränen und schickte mit scheinbarer Ruhe die Mulattin fort.

Das Mädchen hatte auf einem kleinen eingelegten Tische eine Lampe angezündet und allerlei Delicatessen aufgesetzt. aber Cora verspürte keine Neigung, etwas davon anzurühren, Sie hatte den Tag über nichts gegessen und ihr Mund und Hals waren trocken und brannten von fieberhafter Hitze. Ein Glas Eiswasser, das sie trank, brachte ihr einige Erleichterung. Dann stieß sie die venetianischen Läden auf und schaute in die stille Nacht hinaus.

„Wie, wenn denn doch noch Hoffnung vorhanden wäre? Wie, wenn sie entfliehen könnte?"

Dieser Gedanke drang wie ein Lichtstrahl in ihre Seele. Auf die Knie niedersinkend, sendete sie ein inbrünstiges Gebet für ihre Befreiung zum Himmel. Wunderbar getröstet und gestärkt erhob sie sich wieder. Ihr ganzes Wesen erschien wie umgewandelt. Ein heiliges Licht glänzte in ihren thränenlosen Augen und eine leichte Röthe überzog ihre blassen Wangen.

„Mein Vater überläßt mich meinem Schicksale. Selbst Derjenige, der mein Gatte werden sollte, kann nichts mehr zu meiner Rettung thun. Ich wende mich deshalb an Einen, welcher stärker ist, als alle irdischen Freunde."

Das Zimmer, in welchem sich Cora befand, war etwa 11 bis 12 Fuß vom Boden entfernt. An der Seite des

Gebäudes lief eine von Säulen getragene Veranda hin, welche vor den Fenstern des Wohnzimmers einen Balkon bildete. Schlingpflanzen aller Art umkleideten denselben.

Einige Augenblicke stand Cora an dem offenen Fenster und betrachtete gedankenvoll ihre Umgebung.

„Wenn ich in diesem Hause bleibe, so bin ich ganz in der Gewalt dieses niederträchtigen Mannes. Alle die sich unter diesem Dache befinden, sind die Sclaven seines Willens und Hülfe von ihnen zu erwarten, würde eine eitle Hoffnung sein. Sicherer würde ich gewiß unter dem freien Himmelsgewölbe sein und im schlimmsten Falle ist der Fluß in der Nähe."

Sie schauderte als sie dies sprach. Bei der religiösen Erziehung, die sie genossen, lag für sie etwas doppelt Schreckliches in dem Gedanken an Selbstmord. Und schon der Gedanke an diese äußerste und letzte Hülfe erschien ihr wie ein Zweifel an der Vorsehung.

In einer Beziehung aber hatte sie ihren Entschluß gefaßt. Sie wollte um jeden Preis das Haus verlassen. Einmal im Garten unten, könnte sie ihren Weg auf eine benachbarte Pflanzung finden, wo sie vielleicht irgend ein gütiges Wesen finden würde, von dem sie Schutz verlangen könnte.

Wie wenig kannte sie die unverbrüchlichen Gesetze der

Sclaverei. Sie untersuchte die Thüre ihres Zimmers und fand, daß sie von Außen verschlossen war.

„Um so besser," dachte sie, „er glaubt, daß sich seine Gefangene in Sicherheit befindet. Er glaubt nicht, daß ich einen Sprung von wenigen Fuß wagen würde, um ihm zu entgehen. Wie wenig kennt er die Kraft eines Weibes im Augenblicke der Verzweiflung. Sie stieg auf einen Tisch und schnitt mit dem Messer, das die Mulattin mit ihrer Mahlzeit gebracht, den Klingelzug ab, welcher aus einer dicken mit Silber durchwobenen farbigen Schnur bestand. Dann eilte sie damit auf den Balkon und befestigte ihn an einer der eisernen Gitterstangen. Da er 6 bis 7 Fuß lang war, so gelang es ihr, mit Hilfe derselben unverletzt den Boden zu erreichen.

Sie war also frei. Sie glaubte es wenigstens zu sein, während sie nur einige Schritte von ihrem Herrn entfernt war. Schnell wie der Wind entfloh sie nach der Seite des Stroms zu, indem sie in ihrer Eile kaum wußte, welchen Weg sie einschlug. Ihre Tritte machten kein Geräusch auf dem bethauten Rasen und sie hörte auch nicht die Schritte, die hinter ihr herkamen. Ein breiter Grasplatz dehnte sich vor ihr aus und hinter demselben befand sich ein dickes Gebüsch. Dieses suchte sie so schnell als möglich zu erreichen, denn sie fürchtete, daß sie in dem hellen Mondlicht von den

Fenstern der Villa aus gesehen werden könnte. Sie hatte das Gebüsch beinahe erreicht, als sich eine Hand auf ihre Schulter legte und als sie sich mit einem Schrei des Schreckens und der Angst umwandte, stand sie vor Augustus Horton, welcher sie mit spöttischem Blicke betrachtete. Er hatte ihre Flucht von seinem Zimmer aus mit angesehen und war ihr gefolgt.

"So, Cora," sagte er, "ist das die Art, wie Sie meine thörichte Nachsicht vergelten? Legen Sie auf diese Weise Ihre Dankbarkeit dafür an den Tag, daß Sie in Hortonville wie eine Prinzessin aufgenommen wurden? Wissen Sie, wie wir im Süden entlaufene Sclaven behandeln?"

"Nein," antwortete Cora mit trotzigem Blicke.

Sie wissen es nicht? Dann thut es mir leid, daß man Ihre Erziehung in England so sehr vernachlässigt hat."

"Das that man allerdings," erwiderte Cora, "man hat mich zu lehren vergessen, daß hier eine Menschenrace wohnt, welche mit den Körpern und Seelen ihrer Mitmenschen Handel treibt."

"Dann müssen Sie noch lernen, was hier Brauch und Sitte ist," sagte der Pflanzer, "und wenn Sie sich nicht in Acht nehmen, so werden Sie auf eine sehr empfindliche Weise darüber belehrt werden. Aber Cora," fuhr er einlenkend fort, "weßhalb zwingen Sie mich, diese Sprache zu gebrau=

chen? Nicht das Recht eines Herrn, sondern das eines Liebhabers möchte ich in Anspruch nehmen."

„Sie vergessen," erwiderte Cora mit eisiger Kälte, „daß ich liebe und von einem ehrenwerthen Manne, der mich zum Weibe nehmen will, geliebt werde."

„An Ihnen ist es, dieses zu vergessen," erwiderte der Pflanzer nachdrücklich. Von nun an müssen Sie und Gilbert Margrave sich vollkommen fremd sein. Sie sind mein Eigenthum, ich habe mein Versprechen gehalten, ich habe die fünfzigtausend Dollars, die mir Ihr Vater schuldete, als Preis dieses Augenblicks hingegeben. Aber nicht als Herr möchte ich Ihnen gegenüber stehen. Die Strenge der Sclaverei hat keinen Bezug auf Ihre Person. Belohnen Sie meine Zuneigung mit einem Lächeln, mit einem ermuthigenden Worte und Sie sollen ein Leben wie eine Kaiserin führen, aber, wenn Ihnen Ihr eigenes Glück etwas werth ist, so zwingen Sie mich nicht, mich zu erinnern —"

„Daß ich Ihre Sclavin bin. Verzeihen Sie mir, Herr Horton, aber gerade das will ich nicht vergessen. Da indeß meine englische Erziehung mich in dieser Beziehung sehr unwissend gelassen hat, so muß ich Sie bitten, mich auch über die Pflichten einer Sclavin zu belehren."

„Diese Pflichten sind mit einem einzigen Worte aufgezählt," antwortete der Pflanzer, „und dies Wort heißt: „Unterwerfung," absolute und unverbrüchliche Unterwerfung unter jeden Wunsch des Herrn, blinden Gehorsam gegen jedes Wort, gegen jeden Befehl, mag er auch dem Willen des Sclaven noch so sehr widerstreben. Ihr Leib und Ihre Seele gehören mir, Cora. Schreien Sie und Ihre Stimme wird zwar das Echo auf der Pflanzung erwecken, aber es wird keine Antwort darauf erfolgen, denn Diejenigen, welche Sie hören können, sind Sclaven wie Sie selbst und ganz außer Stand, Ihnen zu helfen. Darum lassen sie ab von dieser thörichten Ziererei und —"

Mit diesen Worten näherte er sich ihr, um sie zu umschlingen. Sie aber, als sie seine Absicht merkte, wich rasch zurück. In diesem Augenblicke ließ sich ein Rauschen in dem Gebüsche vernehmen und gleich darauf traten zwei dunkle Gestalten aus demselben hervor. Ehe noch Augustus es verhindern konnte, wurde Cora von einer derselben ergriffen und in das Gebüsch getragen, während die andere mit eiserner Hand den Pflanzer an den Schultern erfaßte. Als das Mondlicht auf das Gesicht dieses Mannes fiel, erkannte ihn Augustus Horton. „Gilbert Margrave!" rief er aus.

„Ja, Gilbert Margrave, der Verlobte des Weibes, das Sie zu Grunde richten wollten. Heute, als ich Ihnen im

Vertrauen auf Ihre Ehrenhaftigkeit einen Vergleich vorschlug, gaben Sie mir eine rohe Antwort. Es bleibt mir deshalb nichts übrig, als Gewalt zu gebrauchen."

„Dafür sollen Sie mir schwer büßen. Das Gesetz wird Ihnen lehren, was es heißt, einen Sclaven stehlen," rief der Pflanzer wüthend vor Zorn.

„Geschehe, was will. Ich bin ein Engländer und entschlossen, lieber die ärgste Strafe, welche die Gesetze Virginiens über mich verhängen können, zu dulden, als die Ehre meiner Braut zu opfern."

Der Mann, welcher Cora ergriffen hatte, war mittlerweile unter dem Schatten der Bäume verschwunden. Gilbert wollte ihm folgen, aber Augustus sprang mit einem offenen Bowiemesser auf ihn zu.

„Ich bin bewaffnet," rief ihm Gilbert zu, einen Revolver vorhaltend, „und fest entschlossen, Alles zu wagen. Wenn Sie mir folgen, so thun Sie es auf Ihre eigene Gefahr hin."

Mit diesen Worten sprang er durch das Gebüsch und erreichte nach einigen Minuten das Ufer des Flusses, wo ein Boot mit drei Ruderern jeden Augenblick zum Abstoßen bereit lag, und die bei dem ersten Zeichen bereit waren, abzustoßen. Der Mann, welcher Cora entführt hatte, saß bereits am Vordertheil des Bootes. Gilbert sprang hinein, die Ruder wurden in Bewegung gesetzt und als Augustus Horton am Ufer ankam, war das Boot schon 20 bis 30 Fuß von demselben entfernt. Auf seiner eigenen Besitzung und in der Nähe eines Regiments von Sclaven, waren die Absichten und Pläne des Pflanzers in der Stunde seines Triumphes vereitelt worden.

In Folge der Aufregung war Cora ohnmächtig geworden, aber die kühle Luft des Flusses brachte sie bald wieder zum Bewußtsein zurück. Als sie wieder zu sich kam, lehnte sie an der Schulter des Mannes, der sie entführt hatte. Dieser Mann war ihr Vater, Gerald Leslie.

Neunundzwanzigstes Capitel.
Das Wiedersehen der Liebenden.

Die beiden Männer, denen Pauline Corsi auf ihrem Wege von Silas Craig nach der Villa Moraquitos begegnete, sind uns nicht ganz fremd. Wir sahen sie zuletzt in der Einsamkeit von Californien, wo sie ein Leben voll Arbeit und Entbehrungen führten. Sie waren erst am Abend nach der Sclavenversteigerung in New-Orleans angekommen und als Pauline ihnen begegnete, waren sie gerade im Begriff, einen Gasthof aufzusuchen, wo sie die Nacht zubringen konnten. In ihrem Aeußern waren sie, seit wir sie nicht mehr gesehen, bedeutend verändert. Sie hatten ihre groben Anzüge mit Kleidern umgetauscht, wie sie für gebildete Männer passen. Ehe sie den Gasthof betraten, blieben sie stehen, um das Haus zu betrachten. Es geschah dies in demselben Augenblick, wo Pauline an ihnen vorüberging. Dem jüngeren der beiden Männer mochte ihre Gestalt aufgefallen sein, denn er sah ihr nach, bis sie in die nächste Straße einbog.

Als Beide einige Minuten später in ein schön möblirtes hell erleuchtetes Zimmer des Gasthauses gewiesen wurden, warf sich der ältere, nachdem er eine Flasche Wein und Selterserwasser bestellt hatte, in einen Lehnstuhl, während der jüngere an ein offenes Fenster trat und auf die Straße sah.

„Die Gestalt dieses Mädchens erinnert mich —" murmelte er, „doch das sind närrische Gedanken. Sie befindet sich in weiter, weiter Entfernung an den Gestaden eines andern Welttheils."

„Was murmelst Du dort, Mann?" sagte der Aeltere, der den Namen Smith führte, „komm her, trink ein Glas Wein und laß uns über unsere Pläne sprechen. An diesem Abend haben wir das Ende unserer Reise erreicht. Die Zeit des Schweigens ist vorüber und die Stunde ist da, wo wir uns frei aussprechen können. Ich verlange Dein Vertrauen nicht aus eitler Neugier. Wenn Du es nicht eben so offen wie ich das meinige ertheilen kannst, so ist es besser, Du hältst es ganz zurück."

Brown ergriff die Hand seines Gefährten. „Freund und Bruder," rief er, „zwischen uns soll künftig kein Geheimniß mehr bestehen. Ich will zuerst sprechen. Zünde Deine Cigarre an und fülle Dein Glas, denn die Geschichte wird lange dauern."

Es war halb drei Uhr, als die beiden Männer sich zur Ruhe begaben. Sie hatten lange und angelegentlich miteinander gesprochen und der Leser wird bald den Inhalt ihres Gesprächs erfahren.

Obschon es sehr spät war, als sich die beiden Freunde zur Ruhe begaben, so waren sie doch zeitig am Morgen schon wieder auf, da sie vor Aufregung nicht schlafen konnten. Eine Zeitung, die früh am Morgen in der Stadt erschienen war, lag auf dem Frühstückstische. Smith öffnete und durchflog hastig ihre Spalten. Sie enthielt einen ausführlichen Bericht über die gestrige Sclavenversteigerung. Das Gesicht des Goldgräbers wurde bleich, als er denselben überlas.

"Gütige Vorsehung," rief er feierlich aus, "wie geheimnißvoll sind Deine Wege! Ich bin gerade noch zur rechten Zeit hierher gekommen. Cora, die geliebte Tochter von Gerald Leslie, in öffentlicher Versteigerung verkauft! Es ist zu schrecklich."

Er setzte seinen Hut auf und nach einigen hastigen Worten an seinen Freund, eilte er die Stiege hinab und bestellte unten einen Wagen, welcher sogleich in Bereitschaft gesetzt werden sollte. Es war auffallend, daß der Fremde, obschon er große Eile hatte, doch lieber auf den Wagen warten, als bei dem schönen Morgen durch die Straßen gehen wollte.

Er mußte offenbar einen wichtigen Grund dazu haben. Nach zehn Minuten stand ein geschlossener Wagen vor der Thür, in welchem sich der Goldgräber, nachdem er dem schwarzen Kutscher eine kurze Weisung gegeben, in eine Ecke drückte.

Mittlerweile saß sein Gefährte noch beim Frühstücke, dem er indeß wenig Ehre anthat. Die Zeitungen schienen ebenfalls wenig Interesse für ihn zu haben, denn er warf sie, nachdem er sie flüchtig angesehen hatte, zur Seite.

Er hatte den großen Bart, den er in Californien getragen, rasirt und ein kleiner brauner Schnurrbart beschattete seine Lippen. Er war etwa 35 Jahre alt, aber so schlank von Gestalt und so zierlich gebaut, daß er bedeutend jünger aussah. Auch konnte man's ihm auf den ersten Blick ansehen, daß er kein Amerikaner war.

Eine halbe Stunde nach der Entfernung seines Freundes brachte ihm ein Kellner einen Brief, den eine ältliche Mulattin im Gasthause abgegeben hatte. Beim ersten Blicke auf die Adresse verrieth das Gesicht des Mannes, der sich Brown nannte, eine lebhafte Aufregung. Der Brief war an Monsieur Armand Tremlay adressirt. Er enthielt nur wenige Zeilen, nach deren Durchlesung der Fremde seinen Hut aufsetzte und in solcher Eile die Stiege hinab und davonrannte, daß die Kellner an seinem Verstande zweifelten. Eine

Viertelstunde darauf befand er sich in der Villa Moraquitos.

Es war jetzt 10 Uhr und um 11 Uhr sollte die Trauungsfeierlichkeit stattfinden. Aber weder die Braut, noch die Brautjungfer hatten die für diese Gelegenheit bestimmten Gewänder und Schmuckgegenstände angelegt.

Der Goldgräber wurde von der Mulattin Pepita eingelassen, welche den Brief in den Gasthof gebracht hatte. Sie führte ihn in das elegante Boudoir, welches gewöhnlich von Camilla und Pauline bewohnt, gegenwärtig aber unbesetzt war. Der Fremde schaute sich verwundert um, ehe er aber eine Frage an Pepita stellen konnte, hatte diese das Zimmer verlassen. Er nahm das Billet aus seiner Tasche und überlas noch einmal dessen Inhalt.

„Wenn Armand Tremlay sich über das Schicksal Derjenigen Gewißheit verschaffen will, die er einst geliebt hat, so wolle er sich nach der Villa Moraquitos begeben."

Er überlas diese Worte mehrmals, während er zu warten hatte, bis ein leichter Schritt herannahte. Die Thür öffnete sich und Pauline Corsi stand vor ihm. Einen Augenblick darauf fand sie sich in den Armen des Fremden.

„Geliebte Pauline," rief er, „was ist das für ein

Wunder, daß ich Sie nach dreizehn langen Jahren hier in Amerika wiederfinde?"

„Weil ich hieher kam, um Sie zu suchen, Armand. Doch beantworten Sie mir vor Allem die Frage: Waren Sie in den letzten dreizehn Jahren in Frankreich?"

„Vor sieben Jahren war ich in Paris, vor sieben Jahren kehrte ich reich und berühmt in mein Heimathland zurück, in der Absicht, Alles zu den Füßen Derjenigen niederzulegen, an deren Treue ich keinen Augenblick gezweifelt hatte. Ein harter Schlag erwartete mich bei meiner Ankunft."

„Halten Sie, Armand," sagte Pauline, „erzählen Sie mir Alles vom Anfang an."

Sie deutete auf ein Sopha und setzte sich an seine Seite. Auf einem Tische in der Nähe lagen die beiden Brautkränze, welche sie und Camilla tragen sollten. Der junge Mann bemerkte sie und fragte lebhaft:

„Für wen sind diese Orangenblüthen bestimmt, Pauline?"

„Sie sollen es sogleich erfahren," sagte Pauline mit schalkhaftem Lächeln. „Kein Wort weiter, bis ich Ihre Geschichte vernommen habe."

Ein aufmerksamer Beobachter würde sich über die Veränderung gewundert haben, welche seit der Anwesenheit von Armand Tremlay in dem Wesen von Pauline Corsi vorge=

gangen war. Sie war nicht mehr das kalte ehrgeizige Weib, sondern ein zärtliches, liebendes Mädchen, dessen Gefühle sich in seinen blauen Augen aussprachen.

„Erzählen Sie mir," wiederholte sie, „erzählen Sie mir Alles, Armand."

„Sie werden sich noch des Tages erinnern, an welchem mich der Herzog von B. aus seinem Hause entließ?"

„O gewiß," erwiderte Pauline. „Ich habe alle Ursache, mich daran zu erinnern. Dieser Tag bildete den Wendepunkt meines Lebens."

„Und des meinigen. Wie ein Verzweifelter, das Herz von Liebe und Haß zerrissen, schritt ich durch die Straßen von Paris. Selbst die Luft von Frankreich war mir verhaßt, denn ich verachtete ein Land, in welchem der Unterschied der Stellung Diejenigen von einander trennen konnte, welche der Himmel für einander geschaffen hatte. Ich schiffte mich nach Amerika ein, weil ich glaubte, daß ich in einem freien Lande Stellung und Reichthum erlangen könnte, die mir Anspruch auf die Hand einer Herzogstochter geben würden. Dort wollte ich ganz von vorne anfangen, legte deshalb meinen alten Namen ab und nannte mich Forester Townshend."

„Also deshalb sind meine Bemühungen, Sie aufzufinden, vergebens geblieben," sagte Pauline. „Doch fahren Sie fort."

"Unter diesem angenommenen Namen fand ich in den Vereinigten Staaten von Nordamerika einen bedeutenden Namen als Porträtmaler, und nach sieben Jahren harter Arbeit hatte ich ein nicht unbedeutendes Vermögen zusammengebracht. Ich kehrte in mein Heimathland mit dem Entschlusse zurück, wenn Sie mir treu geblieben wären, mich noch einmal an den Herzog zu wenden und wenn er mich abwiese, Sie zu einer geheimen Heirath zu überreden. Sobald ich nach Paris kam, eilte ich nach dem Hause, das Sie früher mit Ihren angeblichen Eltern bewohnt hatten. Dort sagte man mir, daß die Familie nach Mailand gezogen sei. Ohne Verzug reiste ich nach dieser Stadt, wo ich von dem Hausmeister des Herzogs die Geschichte von Jeanetta's Bekenntniß und der herzlosen Weise, in welcher man gegen Diejenige verfuhr, die man 17 Jahre lang als das einzige Kind geliebkos't hatte."

"Aber sie haben mich niemals geliebt?" sagte Pauline.

"Nein, Geliebte," es war nur die Erbin für einen stolzen Titel, die sie in Ihnen erblickten, nichts weiter. Gott hat sie für ihren Ehrgeiz und auch für die Grausamkeit bestraft, mit der sie für die Verbrechen Anderer an Ihrer unschuldigen Person eine grausame Vergeltung geübt haben. Die Herzogin warf die Entdeckung ihres Betruges auf's Kranken=

lager, von dem sie nicht mehr aufstand. Der Herzog wurde in den Straßen von Mailand meuchlings erdolcht. Man sagt, der Mörder sei sein eigener Verwandter, der Erbe seines Vermögens gewesen."

Pauline senkte schweigend das Haupt. „Das ist in der That eine schreckliche Geschichte," sagte sie feierlich. „Ich habe ihnen das Leid, das sie mir angethan, indem sie mich von Haus und Obdach trieben, längst vergeben, aber ich habe es ihnen nie vergeben können, daß sie mich von Demjenigen, den ich liebte, getrennt haben."

„Als alle meine Nachforschungen, wohin Sie gegangen, nachdem Sie den herzoglichen Palast verlassen, erfolglos blieben, reiste ich von Mailand ab. Ich blieb dann drei Monate in Paris, wo ich zahlreiche Ausschreibungen in die Zeitungen einrücken ließ und mich selbst an die geheime Polizei wandte, um Ihren Aufenthalt zu entdecken. Als Alles erfolglos blieb, begann ich in der Meinung, daß Sie in dem ersten Augenblicke Ihres Jammers einen Selbstmord begangen, an Ihrer Wiederauffindung zu verzweifeln. Ich ließ mein Vermögen in den Händen meiner Mutter, wo es sich seitdem bedeutend vermehrt hat, und verließ nur mit genügendem Reisegeld versehen, noch einmal mein Heimathsland. Ich kehrte nach Amerika zurück, aber es war eine große Ver=

änderung in mir vorgegangen. Ich hatte nicht länger ein Ziel vor mir und auch keinen Grund, auf Gelderwerb bedacht zu sein. Ich reiste von Stadt zu Stadt und meine Kunst brachte mir reichen Gewinn ein, aber ich vergeudete wieder, was ich erwarb, und verschmähte es auch nicht, zuweilen sogar am Spieltische Zerstreuung zu suchen. Ich war zu unruhig, um an einem Orte zu bleiben, deshalb war ich heute da, morgen dort. Thätigkeit war mir Bedürfniß, denn Ihr unglückliches Schicksal verfolgte mich wie ein Gespenst. So fand ich mich eines Tages geld- und obdachlos in St. Francisco. Ich hatte meinen letzten Dollar an einem Spieltische verloren. Damals war es, wo ich beschloß, ein neues Vermögen zu erwerben, dann nach Frankreich zurückzukehren, und noch einmal nach Ihnen zu suchen. Eine plötzliche Eingebung schien sich meiner zu bemächtigen. Ich bildete mir ein, daß ich nicht genug gethan, um Sie aufzufinden und ich beschloß meine Bemühungen zu verdoppeln."

"Und Sie haben Ihr Ziel eher erreicht, als Sie sich denken konnten."

"Ja, Pauline, in einer so unerwarteten Weise, daß ich selbst jetzt noch versucht bin, daran zu zweifeln, ob dies nicht blos ein schöner Traum ist."

"Sie sind gerade zur rechten Zeit angekommen, um meiner Verheirathung beizuwohnen."

„Ihrer Verheirathung?"

„Ja, heute werde ich die Frau eines reichen Spaniers."

„Pauline!"

„Armand!" Mit diesem Ausrufe hielt sie ihm ihre Hand hin und in dem Ausdrucke, womit sie das Wort „Armand" aussprach, lag genug, ihn zu überzeugen, daß er nichts zu fürchten hatte.

Sie wurden durch den Eintritt der Mulattin Pepita unterbrochen, die ein versiegeltes, an Pauline Corsi adressirtes Paquet brachte. Pauline nahm dasselbe und betrachtete die Adresse.

„Ist Herr Lisimon schon angekommen, Pepita?" fragte sie.

„Ja, er ist unten im Besuchzimmer."

„Und wo ist Donna Camilla?"

„In ihrem eigenen Zimmer."

Die Mulattin entfernte sich. Pauline erbrach das Siegel des Paquets und nahm daraus eine auf Pergament geschriebene Urkunde, welche länglich zusammengefaltet war. Auf einem dabei liegenden Zettel standen folgende Worte:

„Ich sende Ihnen beifolgend, was Sie von mir verlangen. Die Anzeige erscheint in den heutigen Blättern.

Silas Craig."

„Nun, Armand, lassen Sie uns weiter über unsere Angelegenheiten sprechen. Ich habe mich, seit wir uns nicht ge=

sehen, bedeutend geändert. Die bittern Erfahrungen meiner Jugend haben einen großen Einfluß auf mich ausgeübt. Ich war ehrgeizig, herzlos und ränkevoll, aber mit Ihrer Rückkunft kehrt meine alte Natur zurück und die frischen Gefühle meiner Jugend leben wieder auf."

"Meine geliebte Pauline! aber diese Heirath, dieser Brautkranz?"

"Wird von mir getragen werden, aber nicht heute. Sagen Sie mir, Armand, lieben Sie mich immer noch, die namenlose Waise, das untergeschobene Kind, immer noch, eben so sehr als damals, wo Sie mich für die Erbin des stolzen Herzogs hielten? Haben Ihre Gefühle gegen mich keine Aenderung erlitten, seit Sie dieses Geheimniß kennen gelernt haben?"

"Nein, meine Geliebte, und wenn eine Aenderung eingetreten ist, so besteht sie darin, daß Sie mir jetzt zehnmal theurer sind, als vor zehn Jahren, denn ich habe seitdem erfahren, was es heißt, Sie zu verlieren."

Nach diesen und ähnlichen Herzensergießungen begaben sie sich in den Salon hinunter, wo sie Paul Lisimon mit zwei der geachtetsten Einwohner von New=Orleans zusammen fanden. Die Letzteren waren eingeladen worden, um der Heirath des Don Juan Moraquitos als Zeugen beizuwohnen.

Durch die Morgenblätter von New=Orleans war das

Inserat mit Silas Craig's Namensunterschrift, wodurch Paul Lisimon's Unschuld hergestellt und das Ganze als ein Irrthum erklärt wurde, schon allgemein bekannt.

Als Pauline Corsi eintrat, ging der junge Mann auf sie zu und sagte in gedämpftem Tone:

„Ich habe Ihren Brief durch Vermittelung des Kapitäns Prendergills erhalten und bin, wie Sie sehen, Ihrem Wunsche nachgekommen."

„Und haben Sie auch das Inserat in den Zeitungen bereits gesehen?"

„Ja, aber sagen Sie mir, durch welche Mittel haben Sie dieses Wunder bewirkt?"

Pauline lächelte schlau. „Wenn ein Weib etwas mit Entschiedenheit will," sagte sie, „so gibt es kaum etwas, das es nicht durchzuführen vermöchte. Als wir uns zum letzten Male sahen, Herr Lisimon, machte ich Ihnen einen Antrag, den Sie mit Verachtung zurückwiesen. Trotz meines Aergers konnte ich Ihnen wegen dieser abschlägigen Antwort meine Achtung nicht versagen. Jetzt bin ich im Begriffe, mich dafür zu rächen dadurch, daß ich Sie nicht länger als Paul Lisimon anrede, denn dieser Name ist eine Lüge. Paul Crivelli, lesen Sie diese Urkunde, sie enthält das echte Testament Ihres Vaters, Don Tomaso."

Mit diesen Worten übergab sie die Pergamenturkunde, welche ihr Silas Craig gesendet hatte, dem erstaunten jungen Manne.

Dieses kurze Zwiegespräch wurde in so leisem Tone geführt, daß die beiden etwas entfernt sitzenden Besucher nichts davon vernehmen konnten. Armand Tremlay hörte es zwar mit an, verstand aber kein Wort davon.

In diesem Augenblicke trat eine junge Mulattin in's Zimmer und meldete den Kapitän Prendergills.

Dreißigstes Capitel.
Der Empfangschein.

Augustus Horton verließ nach der Scene mit Cora Leslie am folgenden Tage in aller Frühe die Pflanzung. Er wußte, daß er das Gesetz auf seiner Seite hatte und daß er Gilbert Margrave wegen Entführung seiner Sclavin zur schweren Verantwortung ziehen könne.

Aber wenn Gilbert und Cora entwischen und einen der freien Staaten erreichen sollten? Dieser Gedanke machte ihn fast wahnsinnig. Sogleich nach seiner Ankunft in New-Orleans ließ er seinen Verbündeten und Rathgeber, Silas Craig, zu sich entbieten und um neun Uhr saßen beide Männer an einem wohlbesetzten Frühstückstische einander gegenüber. Augustus war verwundert über die Veränderung, welche die letzten zwölf Stunden in dem Aeußeren des Advokaten hervorgebracht hatten. Sein Gesicht hatte eine graue Leichenfarbe angenommen, seine blutunterlaufenen Augen waren mit blauen Ringen umgeben und seine Lippen schwarz und trocken, wie die eines Fieberkranken. Die ganze Nacht über war er in dem engen Raume seines Geschäftszimmers auf- und abgeschritten, während er über seine Unterredung mit Pauline Corsi nachgrübelte. Das ganze Gebäude seines Lebens drohte über ihm zusammenzustürzen und ihn unter seinen Trümmern zu begraben. Das dunkle Labyrinth des Verbrechens hatte sich um ihn geschlossen und er wußte nicht, wie er den Ausgang aus demselben finden sollte. Augustus Horton hatte keine Kenntniß von den schwarzen Verbrechen, welche Craig's Leben befleckten, er kannte ihn nur als einen gewissenlosen Schurken, dessen er sich bediente, weil er ihm von Nutzen war.

Der erste Schritt, den die beiden Männer thaten, war eine Mittheilung an die Polizei, worin sie dieselbe von der Entführung Cora's in Kenntniß setzten und einen bedeutenden Preis für die Ergreifung der Flüchtlinge aussetzten. Als dies geschehen war, erzählte Silas Craig seinem Clienten von dem Inserate in den Blättern, wodurch die Anklage des Diebstahls von Paul Lisimon abgewälzt und als ein Irrthum erklärt wurde. Der Aerger und die Wuth des Pflanzers bei dieser Nachricht kannte keine Grenzen. Er beschuldigte den Advokaten, daß er ihn hintergangen und betrogen habe, und stieß die heftigsten Drohungen gegen ihn aus.

„Schurke," sagte er, „Sie sind von Camilla Moraquitos bestochen worden. Die Spanierin hat Sie bezahlt, damit Sie mich verriethen."

„Sie haben es nicht nothwendig, mir solche schimpfliche Vorwürfe zu machen, Herr Horton," sagte Silas. „Ich bin für das, was ich gethan, von Niemand bezahlt worden. Es war für meine eigene Sicherheit nothwendig und deshalb habe ich es gethan. Sie dürfen von Glück sagen, daß ich Sie nicht verrathen und den Einwohnern New-Orleans nicht mitgetheilt habe, welchen Antheil Sie an der Sache hatten."

Augustus Horton wurde roth vor Zorn. Er fühlte, daß er sich in der Gewalt des Advokaten befand und daß ein Wort von ihm seinen Namen für immer beflecken könnte. Er suchte sich deshalb, so gut es ging, zu beherrschen und sagte einlenkend:

„Lassen Sie es gut sein, die Sache ist einmal geschehen und es nützt nichts, darüber zu sprechen. Mein erstes Geschäft muß jetzt sein, diese Octrone und ihren Liebhaber aufzufinden."

„Sehr wahr. Jeder Augenblick ist für uns von Werth, wenn wir sie nicht entwischen lassen wollen."

„Entwischen," schrie Horton wüthend, „lieber wollte ich bei ihrer Verfolgung den Tod finden."

„So kommen Sie denn. Das Paquetboot nach St.-Louis geht in zehn Minuten ab. Vielleicht benützen sie diese Gelegenheit, um die Stadt zu verlassen."

Die beiden Männer eilten nach dem Quai, aber sie kamen zu spät. Silas hatte sich geirrt, das Boot war schon vor einer halben Stunde abgefahren. Sie stellten in dem Büreau, wo die Billete ausgegeben wurden, Nachforschungen an, aber ohne Erfolg.

Als sie im Begriffe waren, den Quai zu verlassen, stieß Silas Craig einen Ruf des Erstaunens aus, als er die knochige Gestalt von William Bowen, welcher gemächlichen Schrittes daher kam, erkannte. Der Aufseher trug den breitkrämpigen Strohhut und den leichten leinenen Anzug, wie er in Louisiana allgemein gebräuchlich ist.

„Sie hier, William?" rief Silas erstaunt aus. „Ich dachte, Sie wären zu Iberville, wo ich Ihnen die Aufsicht über meine Pflanzung anvertraut hatte?"

Bowen lachte und warf dem Advokaten einen eigenthümlichen Blick zu.

„Ich weiß es," sagte er, „aber wie Sie sehen, bin ich von dort wieder fortgegangen. Ich glaube, ich habe Ihnen vor ein oder zwei Wochen einen Brief geschrieben, Herr Craig?"

„Allerdings."

„In welchem ich Sie um ein Anlehen von tausend Dollars bat?"

„Ja."

„Und, wenn ich nicht irre, haben Sie mir dieselben abgeschlagen?"

Der Advokat biß sich auf die Lippen und gab Bowen mit einem Blicke auf Horton einen Wink, daß er schweigen solle.

„Ich kümmere mich nicht darum, ob Herr Horton etwas von unseren Privatgeschäften erfährt," sagte Bill, „ich ersuchte Sie um ein Anlehen von lumpigen tausend Dollars und Sie haben es mir abgeschlagen. Alles in Allem erwogen, mußte ich dies für ein schmutziges Verfahren halten, und so habe ich Ihren Dienst aufgegeben und denke, Sie müssen sich nach einem andern Aufseher umthun."

Augustus Horton erwartete, daß Craig auf diese unverschämte Rede eine gebührende Antwort geben werde, aber zu seinem Erstaunen schien es ihm nur darum zu thun zu sein, Bowen zu beruhigen.

„Nein, lieber William," sagte er, „Sie dürfen nicht vergessen, daß Sie mir in der letzten Zeit etwas stark zugesetzt haben. Doch kommen Sie in meine Kanzlei und dort werden wir, wie ich denke, die Sache abmachen können."

„Ja, wir werden die Sache abmachen, Herr Craig," sagte Bowen in einem Tone, dessen eigenthümliche Bedeutung einem aufmerksamen Beobachter nicht entgehen konnte. Aber Silas war zu sehr aufgeregt, um dies zu bemerken. Er hatte sich noch nicht von den Enthüllungen, die ihm Pauline Corsi gemacht, erholt. Er hatte die Empfindung eines Mannes, der mit verbundenen Augen an einem Abgrund hingeht, wo er nicht weiß, ob er nicht beim nächsten Schritt, den er thut, hinunterstürzen wird.

Augustus und der Advokat wollten gerade den Quai verlassen, als William Bowen ihnen noch einmal nachrief: „Ich glaube, meine Herren, Sie haben hier nach Jemand gesucht. Ist es nicht so?"

„Ja," erwiderte Augustus, „wir suchen eine entlaufene Sclavin."

„Ich will hundert Dollars wetten," sagte Bowen, „daß die Dirne, hinter der Sie her sind, Gerald Leslie's Tochter, die Octrone ist."

„Ja, sie ist es."

Bowen lachte laut, „ich habe mir's gedacht," sagte er. „Da thut es mir leid, Ihnen sagen zu müssen, Herr Horton, daß die junge Dame mit dem Engländer vor einer halben Stunde auf dem Paquetboote nach St.=Louis abgereist ist.

Ich habe mir's gedacht, daß etwas im Winde sein möchte, aber ich fühlte mich nicht berechtigt, sie aufzuhalten."

„Verdammt," murmelte Augustus Horton, „dieser Engländer kommt mir überall in den Weg. Das nächste Paquetboot geht erst morgen nach St.-Louis ab. Sie werden demnach einen Vorsprung von vierundzwanzig Stunden haben, und nach den freien Staaten entfliehen. Doch wenn es in den Vereinigten Staaten noch ein Gesetz gibt, so sollen sie aufgegriffen und zurückgebracht werden. Lassen Sie uns vor Allem auf das Telegraphen-Büreau gehen, Herr Craig."

William Bowen sah ihnen nach. „Ich denke," sagte er mit boshaftem Lächeln, „ich habe diesen Spaß sehr gut ausgeführt. Ich habe Ihnen jetzt, Herr Augustus Horton, alle die Unverschämtheiten, die Sie mir angethan, wieder heimgezahlt und in einigen Stunden werde ich auch die Rechnung mit meinem Freunde Silas ausgleichen."

Als Augustus Horton und Silas Craig ihre Maßregeln zur Verfolgung Cora's und ihres Geliebten getroffen hatten, kehrten sie nach dem Hause des ersteren zurück. Der Pflanzer war über seine Niederlage rasend und ohne alles Erbarmen gegen das unglückliche Mädchen, welches auf einige Zeit wenigstens sich seiner Gewalt entzogen hatte.

„Sie soll mir eingefangen und wie eine entlaufene Sclavin gepeitscht werden," rief er. „Ich will sie in allen Blättern ausschreiben lassen und lieber meinen letzten Dollar daransetzen, als sie entkommen lassen und Gilbert Margrave soll mir seine Unverschämtheit schwer büßen."

Silas und der Pflanzer trafen Adelaide Horton und Frau Montresor unter der Veranda auf der Ostseite des Hauses. Sie hatten diesen kühlen Platz aufgesucht, weil ihnen die Luft in den Zimmern zu schwül war. Wir haben Adelaide Horton seit dem schmähligen Auftritt am Bord der „Selma", wo sie sich durch die Eifersucht zu einer ihrer unwürdigen Handlung hinreißen ließ, nicht mehr gesehen. Sie war nicht mehr das hochfahrende Mädchen wie bei ihrer Ankunft in New-Orleans. Jene Scene auf dem Dampfschiffe hatte eine Wendung in ihrem Leben hervorgebracht. Verachtet von dem Manne, den sie liebte, verstoßen von ihrem Cousin und Bräutigam Mortimer Percy, gequält durch die Vorwürfe, die sie sich selbst machte, befand sich das unglückliche Mädchen wirklich in einer bedauerungswerthen Lage. Sie hätte sogleich viel darum gegeben, wenn sie die Worte wieder hätte zurücknehmen können, die sie in der Hitze der Leidenschaft geäußert. Die Erinnerung an Cora's frühere Freundschaft verursachte ihr die schmerzlichsten Empfindungen und der milde vorwurfsvolle Blick der Octrone verfolgte sie wie ein Gespenst. Frau Montresor that ihr Bestes, ihre Nichte zu trösten, aber Adelaide's Frohsinn und leichtherziges Wesen war ganz von ihr gewichen.

Als Augustus und der Advokat herankamen, sahen die Damen von ihrer Arbeit auf. Adelaide fragte ihren Bruder, der seine Aufregung nicht verbergen konnte, ob etwas vorgegangen sei. Er erzählte darauf, was sie am Quai in Erfahrung gebracht.

„So sind also Cora und Gilbert Margrave nach St.-Louis abgereist?"

„Ja," antwortete Augustus mit einem Fluche, „aber sie sollen mir nicht lange entgehen. Höre mich, Adelaide, Du wirst Dich vielleicht über meine Leidenschaftlichkeit wundern, aber mein Stolz ist durch die kalte Unverschämtheit dieser Octrone auf's Tiefste verletzt. Was ich auch gestern bei der Sclavenversteigerung für einen Grund zu meiner Handlungsweise gehabt habe, heute habe ich keinen anderen Zweck, als den stolzen Sinn von Cora Leslie zu demüthigen. Wenn es mir gelingt, sie aufzugreifen und nach New-Orleans zurückbringen zu lassen, so will ich sie Dir zur Kammerjungfer geben. Ich weiß, daß Du sie nicht leiden kannst und daß ich der feinen Dame kaum eine größere Erniedrigung zufügen könnte."

„Und Du willst sie mir schenken?" rief Adelaide offenbar sehr erfreut.

„Ja, ich dachte es mir, daß Dir die Idee gefallen würde."

„Du willst mir also Cora Leslie wirklich abtreten?"

„Ja, das Mädchen kostet mich fünfzigtausend Dollars. Ich mache mir aber nichts daraus, ich habe jetzt nichts Anderes als meine Sache vor Augen. Mache sie zu Deiner Kammerjungfer, treibe ihr ihren Hochmuth aus und lasse sie fühlen, was es heißt, die Sclavin eines Weibes zu sein, das sie haßt. Und," setzte er leise hinzu, „vielleicht ist sie dann froh, die Hand zu ergreifen, die sie jetzt zurückstößt."

„Ich nehme mit Freuden Dein Geschenk an, fürchte aber, daß Du Deinen Sinn wieder ändern wirst."

„Nein, gewiß nicht."

„So setze mir eine Schenkungsurkunde auf und unterzeichne sie in Gegenwart des Herrn Craig und meiner Tante."

„Sehr gern," sagte Augustus, setzte sich an den Tisch und schrieb einige Zeilen, wodurch er den Besitz der Octrone auf seine Schwester übertrug. Dann schob er Craig das Papier hin und sagte:

„Beglaubigen Sie diese Urkunde, Craig, da meine Schwester so sehr besorgt ist, daß ich mein Wort brechen könnte."

Adelaide nahm die Schrift, überlas sie und steckte sie in

die Tasche ihres Kleides. „Ich kann Dir nicht sagen, lieber Augustus, wie dankbar ich Dir für dieses Geschenk bin," sagte sie, einen Blick des Einverständnisses mit ihrer Tante austauschend.

Fünf Minuten später meldete Myra, die Quadrone, Herrn Leslie und Herrn Percy an.

Augustus Horton war nicht wenig erstaunt, als diese Namen gemeldet wurden. Mortimer Percy war seit dem Abend des Duells zwischen seinem Cousin und Gilbert Margrave von New-Orleans entfernt gewesen. Eine leichte Röthe überflog Adelaide's Wangen, als sie hörte, daß sie mit dem Manne zusammentreffen sollte, den sie früher geliebt, jetzt aber verachtete.

Augustus wußte nichts davon, daß Gerald Leslie bei der Entführung der Octrone betheiliget war. Er hatte an jenem Abend Niemand erkannt als Gilbert Margrave. Der Pflanzer empfing seine Besucher mit kalter Höflichkeit, aber die rattenartigen Augen von Silas Craig blickten mit Haß auf Gerald Leslie. Dieser war nicht allein. Toby der Mulatte war ihm in den Garten gefolgt. Silas Craig sprang mit einem Fluche von seinem Sitze auf: „Was hast Du hier zu thun?" fuhr er den Sclaven an.

„Seien Sie nicht ärgerlich über ihn," sagte Leslie, „er ist auf meine Veranlassung hierher gekommen."

11*

"Und welches Recht haben Sie, Herr Leslie, auf diese Weise über meine Sclaven zu verfügen?"

"Sie werden das bald erfahren. Ich habe Ursache anzunehmen, daß Toby's Gegenwart nothwendig sein wird."

Der Advokat bebte unter dem scharfen Blicke von Gerald Leslie. Er ahnte, daß dieser Besuch mit irgend einer verborgenen Gefahr für ihn verbunden sei.

"Darf ich Sie, Herr Leslie," sagte Augustus, "um den Zweck Ihres Besuchs in meinem Hause fragen, in welchem Sie kaum auf einen willkommenen Empfang rechnen dürfen?"

"Sie sollen dies bald erfahren, Herr Horton," antwortete Gerald Leslie, "unser Besuch gilt mehr dem Herrn Craig als Ihnen, doch hat er auch zum Zwecke, Ihnen den wahren Charakter des Mannes zu zeigen, mit dem Sie sich verbunden haben."

"Ich brauche keine solche Belehrung," entgegnete der Pflanzer hochmüthig. "Silas Craig, warum sitzen Sie da, wie ein Stock? Mensch, warum sprechen Sie nicht und fragen Gerald Leslie, was er damit sagen will?"

"Soll ich diese Frage beantworten, Herr Horton?"

Silas Craig spricht nicht, weil er es nicht wagt, weil ihn das Schuldbewußtsein drückt, er weiß, daß die Wegnahme und der Verkauf meines Eigenthums ungesetzlich war."

„Ungesetzlich?"

„Ja ungesetzlich, weil die Wegnahme für eine Forderung geschah, die ich nicht schuldete. Die Schuld von hunderttausend Dollars ist ihm schon vor einem Jahre von Herrn Treverton abbezahlt worden."

Silas Craig lachte laut, aber es war ein hohles und erzwungenes Lachen, über das sich Niemand täuschen konnte.

„Sie sind entweder ein Betrogener, oder ein Narr, Gerald Leslie. Wenn Philipp Treverton das Geld bezahlt hätte, so müßten Sie eine Bescheinigung darüber in Händen haben. Wer kann in Ermangelung dieser Urkunde den Beweis liefern, daß die Schuld wirklich bezahlt worden ist?"

„Ich kann es," rief William Bowen, hinter einer Säule der Veranda hervortretend, „Sie haben mir die lumpigen tausend Dollars verweigert, die ich von Ihnen verlangte, ich denke nun, ich habe Ihnen Ihr filziges Benehmen vergolten. Hier ist der Empfangsschein, die rechte Urkunde, die Sie mit eigener Hand dem Herrn Philipp Treverton ausgestellt haben."

Damit hielt er ein offenes Papier dem Advokaten vor die Augen, welcher wie angewurzelt dasaß und das Document anstarrte.

„Ja glotzen Sie nur. Sie dachten freilich, ich hätte die

Schrift in der Nacht von Treverton's Tod verbrannt, ja Sie glaubten es sogar zu sehen, aber ich kannte den Charakter des Mannes, mit dem ich es zu thun hatte, zu wohl, als daß ich ihm getraut hätte, und vertauschte die Schrift. Sie glaubten vor der Thüre Fußtritte zu hören und während Sie sich umwandten, um zu lauschen, warf ich einen unbeschriebenen Bogen in das Feuer. Sie sahen wie er brannte, während ich die wirkliche Urkunde, die ich aus Treverton's Tasche genommen, behielt, weil ich wußte, daß sie mir einst von Nutzen sein würde." Der würdige Mann hielt es nicht für nothwendig, die Summe zu nennen, die ihm Gerald Leslie für die Ausführung des Documents gegeben oder versprochen hatte.

Einunddreißigstes Capitel.
Der Rächer naht heran.

Paul Lisimon empfing das Pergament von Pauline Corsi mit der erstaunten Miene eines Menschen, welcher kaum weiß, ob er wacht oder träumt, aber der Eintritt des Kapitäns der „Amazone" nöthigte ihn, seine fünf Sinne wieder zusammen zu nehmen.

„Mademoiselle Corsi," rief er, „Prendergills, was bedeutet das"?

„Es bedeutet," sagte die Französin, „daß Sie diese Urkunde so sorgsam wie Ihr Leben bewahren sollen. Stellen Sie keine weiteren Fragen an mich, bis Sie Don Juan Moraquitos gesehen und kommen Sie sogleich mit mir in sein Studirzimmer. Kapitän Prendergills, warten Sie gefälligst, bis ich Sie rufen lasse."

„Ja, Mademoiselle," antwortete der stämmige Seemann.

„Sie, Armand, werden mich für heute verlassen." sagte

Pauline, indem sie ihre Hand in die ihres Geliebten legte. „Ich habe noch eine Aufgabe zu vollenden, bevor ich Ihrer Liebe würdig bin. Vertrauen Sie mir und warten Sie."

„So sei es," antwortete der Künstler. „Ich will in meinen Gasthof zurückkehren und jeden Augenblick, wo Sie meiner bedürfen, bereit sein.

„Meine Herren," sagte die Französin, sich zu den beiden Gästen wendend, welche nichts von All Dem, was vorging, begriffen, „ich fürchte, daß wir Ihre kostbare Zeit umsonst in Anspruch genommen haben. Es sind Ereignisse eingetreten, welche es nothwendig machen, die Ceremonie, zu der Sie eingeladen wurden, aufzuschieben."

„Es wird demnach heute keine Hochzeit stattfinden, Mademoiselle?"

„Nein."

„Ist vielleicht Don Juan unwohl?"

„Er befindet sich nicht ganz so, wie er sein sollte," er= widerte Pauline ernst.

Die beiden Herren drückten ihr Bedauern aus und ent= fernten sich, begleitet von Armand Tremlay. Kapitän Prender= gills setzte sich in einen Armstuhl, streckte seine langen Füße auf einen gestickten Schemel aus, zog Pfeife und Tabak aus der Tasche und schickte sich an, sich nach seiner Weise zu unterhalten.

„Wenn Sie mir eine Flasche Rum senden könnten, um meinen Mund damit anzufeuchten, während ich hier warte, so würde ich Ihnen sehr verbunden sein, Mademoiselle," sagte er. Pauline sagte ihm die Erfüllung dieses Wunsches zu und verließ mit Paul Lisimon das Zimmer. Aber an der Thüre von Don Juan's Gemach blieb sie stehen und bedachte sich einen Augenblick.

„Er weiß noch nichts von dem, was sich zugetragen hat," sagte sie, „es wird deßhalb besser sein, wenn ich ihn zuerst allein spreche. Warten Sie hier."

Sie trat in das Zimmer und blieb etwa eine Viertelstunde darin. Diese kurze Zeit erschien dem jungen Manne, welcher unterdeß in dem Vorplatze auf- und abschritt, wie eine Ewigkeit. Er hatte das Pergament in die Brusttasche seines Rocks gesteckt und brannte vor Begierde, es zu lesen, hielt aber seine Neugierde zurück, bis er in sein eigenes Zimmer kommen würde. Er bemerkte nicht die beiden glänzenden Augen, welche aus einem dunkeln Winkel des Vorplatzes jede seiner Bewegungen beobachtet. Diese Augen gehörten Tristan dem Sclaven an. Pauline Corsi trat endlich aus dem Zimmer des Don Juan heraus.

„Er will Sie jetzt nicht sehen," sagte sie, „aber in zwei Stunden sollen Sie zu ihm kommen und da wird Alles in

Ordnung gebracht werden. Mittlerweile werden Sie gut daran thun, sich etwas Ruhe zu gönnen, denn Sie sehen so blaß und angegriffen aus, als ob Sie längere Zeit nicht geschlafen hätten."

„So ist es auch," antwortete Paul, „mein Dienst am Bord der Amazone und meine Sorgen haben mich nicht ruhen lassen."

„Dann gehen Sie in Ihr früheres Zimmer und schlafen Sie. Ihre Unterredung mit Don Juan wird eine peinliche sein und es ist nothwendig, daß Sie darauf vorbereitet sind."

„Aber Camilla, — lassen Sie mich zuerst mit ihr sprechen."

„Nicht eher, als bis Sie mit ihrem Vater gesprochen haben. Nein, halten Sie mich nicht für grausam. Schenken Sie mir Vertrauen, ich handle ganz in Ihrem Interesse. Sie hat gesehen, daß Ihr Name in den Augen der Welt wieder makellos dasteht und ist glücklich. Vergessen Sie die thörichten Worte, die ich gesprochen, als wir uns zum letzten Male in diesem Hause gesehen haben und schenken Sie mir Vertrauen. Wollen Sie?"

„Ja, Pauline."

„So bewähren Sie Ihr Vertrauen durch unbedingten Gehorsam."

„Ich will es," antwortete der junge Mann und zog sich in sein früheres Zimmer zurück. Er fand es gerade so wie er es verlassen hatte. Seine Bücher und Papiere befanden sich sämmtlich auf ihrem alten Platze, aber Alles war sauber und frei von Staub gehalten. Er wußte nicht, daß er diese Aufmerksamkeit der Sorgfalt Camilla's zu verdanken hatte, welche das Zimmer durch ihre Lieblingssclavin in Ordnung halten ließ. Als er eingetreten war, wollte er, ehe er das Document, das ihm Pauline gegeben, durchlas, erst die Thüre verschließen, aber zu seinem Erstaunen fehlte der Schlüssel in dem Schlosse. Da er früher stets die Gewohnheit hatte, wenn er ausging, die Thür zu verschließen, so mußte der Schlüssel während seiner Abwesenheit entfernt worden sein.

Ohne indeß weiter über die Sache nachzudenken, setzte er sich an's Fenster und begann mit Durchlesung der Urkunde, die so große Wichtigkeit für ihn besaß. Es war das Testament von Tomaso Crivelli, in welchem er seinem einzigen und geliebten Sohn, Paul Crivelli sein ganzes Vermögen vermachte. Dem Testamente war ein Brief an Paul angehängt, in welchem ihm Don Tomaso mittheilte, daß er der Sohn einer Lieblings= Quadronensclavin sei, welche der Spanier, nachdem er ihr die Freiheit geschenkt, geheirathet hatte. Die Heirath war aber geheim gehalten worden, weil es der Stolz des Don

Tomaso nicht zuließ, ein Mädchen, das seine Sclavin gewesen, als Frau anzuerkennen.

Als der junge Mann diese beiden Urkunden gelesen hatte, rief er aus: „Der Vorsehung sei Dank, daß ich nicht länger ein Verstoßener bin, der auf die Mildthätigkeit Anderer angewiesen ist. Der, den ich so sehr geliebt, war also doch mein Vater und wenn auch meine Mutter von niedriger Abstammung war, so hat ihr Sohn doch keine Ursache, ihretwegen zu erröthen."

Seine nächste Sorge war, die kostbaren Urkunden in Sicherheit zu bringen. Da er fürchtete, sein Onkel möchte vielleicht, wenn er in sein Zimmer komme, sich durch List oder Gewalt derselben zu bemächtigen suchen, so trug er Bedenken, sie bei sich zu tragen und er verschloß sie deßhalb in einem kleinen Koffer, an dem sich eines der besten Sicherheitsschlösser befand. Den Schlüssel befestigte er an eine dünne Goldkette, die er unter seiner Weste trug, an welcher auch Camilla's Miniaturporträt hing. Darauf sah er nach seiner Uhr. Er hatte noch anderthalb Stunden Zeit bis zu seiner Zusammenkunft mit Don Juan Moraquitos. Da ihm Pauline verboten hatte, sein Zimmer früher zu verlassen, als sie ihn rufe, so nahm er, um sich die Zeit zu vertreiben, ein Buch zur Hand. Er war aber unfähig, seine Gedanken zu sammeln.

In der Nähe des Fensters stand ein Ruhebett, auf das er sich warf und sich den Gedanken überließ, die seine neue Lage in ihm erweckte. Er hatte nicht im Sinne zu schlafen, aber der Morgen war heiß und schwül und in Folge der Aufregung und Erschöpfung fiel er in einen leichten Schlummer. Während er so in einem Zustande halber Bewußtlosigkeit, der weder Schlaf noch Wachen ist, dalag, deuchte es ihm, als sehe er eine dunkle Gestalt zur Thüre hereingleiten, und sich hinter den breiten Vorhängen des Fensters verbergen. So leise war die Erscheinung aufgetreten und so schnell wieder vor seinen halbgeschlossenen Augen verschwunden, daß er sie für eine Erscheinung seines Traumes hielt. Er fiel darauf in einen tieferen Schlummer, aus dem er plötzlich durch das Schließen seiner Zimmerthür aufgeschreckt wurde. Er sprang sogleich auf, aber das Zimmer war leer. Er suchte hinter den Vorhängen, aber Niemand war dort. Darauf schaute er sich nach seinem Koffer um, aber der Stuhl, auf dem er gestanden, war leer. Er durchsuchte das Zimmer, aber umsonst, der Koffer war verschwunden. Er stürzte aus dem Zimmer, die Stiege hinab. Die erste Person, die ihm begegnete, war Pepita. Er fragte sie, ob sie Niemand gesehen, der einen Koffer getragen.

„Einen kleinen Lederkoffer, Massa?"

„Ja, ja."

„Tristan hat einen aus dem Hause getragen, Pepita ihn gesehen," sagte die Mulattin.

„Welchen Weg hat er eingeschlagen?" rief Paul athemlos vor Aufregung.

„Aus der hinteren Thür in den Hof. Pepita denkt nach dem Holzhause."

Paul hörte nicht mehr, sondern stürzte fort nach dem Hofe, wo die Hintergebäude lagen. Das Holzhaus war ein roh gezimmertes Gebäude, in welchem das Brennholz aufbewahrt wurde. Als Paul sich demselben näherte, bemerkte er, daß Rauch aus den Spalten des Holzwerkes hervorströmte, welcher anzeigte, daß innerhalb des Schuppens ein Feuer angezündet war. Paul versuchte die Thüre zu öffnen, aber sie war von innen verriegelt. Er stemmte sich mit aller Kraft dagegen, sie widerstand aber seinen Bemühungen. Es wurde ihm klar, daß der Sclave Tristan den Koffer in irgend einer üblen Absicht nach dem Schuppen gebracht hatte.

„Tristan," rief er, „Tristan, öffne die Thüre, oder ich erschieße Dich durch die Spalten in der Wand."

Der Neger antwortete nur mit einem höhnischen Lachen. Mittlerweile nahm der Rauch immer mehr zu. Auf einmal fiel es Paul ein, daß sich auf der andern Seite des Holzhauses ein kleines Fenster befand. Sogleich eilte er an dasselbe. Die Läden waren geschlossen, aber das Holzwerk derselben befand sich in einem so morschen Zustand, daß es Paul nach einigen Bemühungen gelang, dieselben aufzureißen. Im nächsten Augenblicke darauf war er innen. Ein Feuer brannte in der Mitte der Hütte und vor demselben knieete der Neger, die eine Hand auf den nebenstehenden Koffer gestützt. Paul sprang hin und riß den Koffer weg, aber der Neger, stärker als er, setzte sich sehr bald wieder in den Besitz desselben. Paul stürzte sich wieder auf den Schwarzen und es begann ein heftiger Kampf, in welchem die größere Stärke Tristan's nahezu den Sieg errang, als es Paul gelang, ein Stück Holz zu erfassen, mit dem er den Neger einen Schlag versetzte, der ihn besinnungslos zu Boden streckte. Paul ergriff hierauf den Koffer und kehrte mit demselben in das Haus zurück. In seinem Zimmer angelangt, nahm er die kostbare Urkunde wieder heraus, mit dem festen Entschlusse, sie auf alle Gefahr hin bei sich zu tragen. Er sah auf seine Uhr. Die zwei Stunden waren abgelaufen. Er verließ deßhalb sein Zimmer, um sich zu Don Juan Moraquitos zu begeben, aber auf dem Vorplatze wurden seine Schritte plötzlich durch einen Pistolenschuß aufgehalten. Als er erschrocken einige Augenblicke stehen blieb, öffnete sich die gegenüberliegende

Thüre und Pauline Corsi stand auf der Schwelle. Dicht hinter ihr erschien das bleiche Gesicht von Camilla Moraquitos. Die beiden Frauen waren heftig aufgeregt. Camilla suchte auf den Vorplatz hinauszustürzen, aber Pauline umschlang und hielt sie zurück. Zugleich bat sie Paul, ihr darin behilflich zu sein und Camilla zurückzuhalten, während sie selbst gehen wolle, um zu sehen, was dieser ominöse Schuß zu bedeuten habe. Paul gehorchte und führte Camilla in ihr Zimmer zurück, aber seine Bemühungen blieben erfolglos. Sie wollte keinen Trost annehmen, sondern antwortete ihm immer wieder mit der Bitte, er möge sie zu ihrem Vater gehen lassen.

„Ich weiß, daß sich etwas Schreckliches ereignet hat," sagte sie, „Ihr habt Euch Alle miteinander verbunden, mich zu hintergehen. Mein Vater ist in Gefahr und Ihr seid grausam genug, mich von ihm fern zu halten."

In diesem Augenblicke kehrte Pauline Corsi zurück. Der junge Mann sah sogleich an ihrem geisterhaften Aussehen, daß sich etwas Schreckliches zugetragen habe.

„Kommen Sie mit mir, Paul," sagte sie, „Sie können jetzt Don Juan sehen."

Camilla erfaßte ihre Hand. „Er kann meinen Vater sehen," sagte sie, „er ist also wohl, er ist wohl, Pauline?" rief sie.

Die Französin antwortete nicht, sondern führte Paul stillschweigend aus dem Gemache. Er folgte ihr bis an das Zimmer des Don Juan, wo sie Halt machte, und zu dem jungen Manne sagte: „Machen Sie sich auf einen schrecklichen Schlag, auf einen fürchterlichen Anblick gefaßt. Fühlen Sie sich stark genug, ihm entgegenzutreten?"

„Was Sie, ein Weib auf sich nehmen, kann auch ich ertragen," antwortete er ruhig.

„Das Verbrechen zieht eine schreckliche Vergeltung nach sich," sagte die Französin mit bewegter Stimme. „Mag auch der Rächer mit langsamem Schritt heranschreiten, so wird ihm doch nur selten sein Opfer entgehen. Ihr Onkel hat für seine Sünden die Strafe empfangen."

Sie öffnete die Thüre und der junge Mann folgte ihr in's Zimmer. Es war das Gemach des Todes. Don Juan lag mit dem Gesichte nach unten und auf dem reichen persischen Teppich, welcher ringsherum mit Blut befleckt war. In seiner Nähe lag ein abgeschossenes Pistol.

Auf dem Tisch, in der Mitte des Zimmers, fand man einen an Paul Crivelli adressirten Brief, auf dessen Aufschrift die Tinte kaum trocken war, obschon die Hand, welche sie geschrieben, bereits erkaltet war. Paul riß den Brief auf und las ihn. Er lautete folgendermaßen:

„Man hat Dir ein Geheimniß mitgetheilt, das ich dreizehn Jahre vor Dir verborgen gehalten habe. Ich bitte Dich nicht um Verzeihung, denn Du weißt nicht und wirst es nie erfahren, was Du zu verzeihen hast. Ich gehe, um Gnade vor einem höheren Richterstuhle zu suchen. Ich kann nicht leben, um vor den Augen meines Neffen und meiner Tochter zu erröthen. Du liebst meine arme Camilla. Mache sie glücklich und der Geist desjenigen, der Dir Unrecht gethan hat, wird Dich noch im Tode segnen.

Juan Moraquitos."

Zweiunddreißigstes Capitel.
Rückkehr eines Todten.

Kehren wir jetzt zu der Scene zurück, in der Silas Craig von William Bowen, seinem Mitschuldigen und Werkzeuge die Urkunde erhielt, von deren Vernichtung er bisher vollkommen überzeugt war. So geht es immer, die Verbrecher werden immer von ihren Spießgesellen verlassen und verrathen, sobald diese ein Interesse daran haben. So war es auch mit William Bowen. So lange Craig ihn für sein Schweigen bezahlte, bewahrte er das verbrecherische Geheimniß desselben, als aber der Advokat der fortgesetzten Erpressungen müde war und als sich Aussicht darbot, von der andern Seite für seine Dienste eine hinlängliche Belohnung zu erhalten, wurde er an ihm zum Verräther. Bowen besaß alle jene Schlauheit und unverschämte Kaltblütigkeit, die man nicht umsonst seinen Landsleuten, den Yankees nachrühmt. Er war von Anfang an entschlossen, den Empfangschein, den er aus des verwundeten Treverton's Taschen genommen, für sich zu behalten und zu seinem eigenen Vortheile auszubeuten. So kam es, daß der reiche Advokat und fromme Christ als Betrüger dastand.

Augustus Horton wendete sich mit Unwillen von seinem alten Verbündeten ab. „Seien Sie mein Zeuge, Herr Leslie," sagte er, „und Du, Mortimer, daß ich den wahren Charakter dieses Mannes nicht kannte," was, wie wir früher gesehen, nichts als eine Lüge war, um seine intime Verbindung mit dem Schurken zu verschönigen.

Silas Craig knirschte mit den Zähnen, dann stand er plötzlich auf und blickte wüthend um sich. Es war der Blick eines Fuchses, der sich von allen Seiten von den Hunden umstellt sieht und im Begriffe ist, noch einmal seine letzten Kräfte aufzubieten, um seinen Feinden zu entfliehen.

„Dieser Empfangschein ist eine Fälschung," schrie er mit gellender, halbgebrochener Stimme, „ich leugne seine Gültigkeit."

„Nehmen Sie sich in Acht, Silas Craig," sagte sein früherer Mitschuldiger, „mit dem Lügen werden Sie hier nicht auskommen. Sie würden besser daran thun, wenn Sie heute zum ersten Male in Ihrem Leben die Wahrheit sprechen und sich auf die Gnade dieser Herren verlassen wollten."

„Es ist eine schändliche Fälschung," wiederholte der Ad=

vokat, „eine Fälschung, welche von diesem Menschen, William Bowen, in's Werk gesetzt wurde. Ich fordere jedes lebende Wesen auf, mir den Beweis zu liefern, daß Philipp Treverton mir die hunderttausend Dollars bezahlt hat."

„Hüten Sie sich, Silas Craig," sagte eine Stimme aus dem anstoßenden Zimmer. „Sie fordern die Lebenden auf, wollen Sie auch die Todten auffordern?"

Ein Mann trat durch das niedrige Fenster auf die Veranda heraus. Dieser Mann war der Aeltere der beiden Goldgräber, aber den hier versammelten Männern kein Fremder.

„Der Todte!" keuchte Silas und fiel in seinem Stuhle zurück. Die Anwesenden vergaßen später nie mehr den Ausdruck von Silas' Gesicht, wie er mit offenem Munde und hervorquellenden Augen den neuen Ankömmling anstarrte. Dies dauerte aber nur einen Augenblick, dann bedeckte er das Gesicht mit beiden Händen.

„Der Todte!" wiederholte er, „der Todte!"

„Philipp Treverton!" rief Gerald Leslie.

„Ja," sagte der Fremde, Gerald seine Hand reichend, „derselbe Philipp Treverton, den man Dir als einen Spieler und Betrüger hingestellt hat. Derselbe Treverton, dem Du, als Du im Begriffe warst, nach England abzusegeln, eine bedeutende Summe Geld anvertrautest, die er diesem Elenden da bezahlen sollte. Du reistest ab, in dem Glauben, daß Dein Freund und Geschäftsgenosse ein Mann von Ehre und in seinen Händen das Geld eben so sicher sei, als in Deinen eigenen. Bei Deiner Rückkehr sagte man Dir, daß Dein Freund todt und daß das Geld nicht bezahlt worden sei. Ich habe erst aus Bowen's Munde Dein edles Benehmen erfahren. Du hast kein Wort der Klage, keine Silbe des Tadels geäußert, sondern Dein Unglück, das, wie Du glaubtest, durch die Unehrlichkeit eines Andern über Dich verhängt wurde, schweigend auf die eigenen Schultern genommen.

„Sprich nicht davon, Philipp," sagte Gerald Leslie, „Ich hatte den Verlust des Geldes einer augenblicklichen Unklugheit zugeschrieben, aber niemals daran gedacht, Dich der Unehrenhaftigkeit zu beschuldigen."

„Unklugheit würde in diesem Falle Unehrenhaftigkeit gewesen sein," antwortete Philipp Treverton.

„Ja, Silas Craig, verbergen Sie nur Ihr Gesicht in Ihren Händen, um nicht den Augen dessen zu begegnen, den Sie ermorden wollten."

„Ermorden!" rief Gerald und Mortimer, während die Frauen bleich und erschrocken zuhörten.

„Ja, ermorden. Es ist ein schweres Wort da unter dem

blauen Himmel gesprochen, aber es ist leider nur zu wahr."

"Silas Craig," rief Augustus Horton, "haben Sie keine Antwort auf diese Beschuldigung? Können Sie ruhig dasitzen und dieselbe anhören? Sprechen Sie, Mann, und strafen Sie Ihren Ankläger Lüge."

"Er kann nicht," sagte Philipp Treverton, auf den Advokaten deutend. "Ist das die Haltung eines Mannes, welcher falsch angeklagt ist? Sehen Sie ihn an, wie er sich gleich einem geprügelten Hund unter der Peitsche seines Herrn krümmt."

"Sprich nicht weiter von ihm, sagte Gerald Leslie ungeduldig, "sondern erkläre uns, wie es kam, daß Du zwölf Monate lang von New-Orleans verschwunden warst, um in diesem Augenblicke der Verzweiflung zurückzukehren."

"Ich will Dir Alles erzählen," antwortete Treverton, "und dieser Mann, William Bowen wird die Wahrheit meiner Worte bestätigen, und dieser Elende da mag mir, wenn er es wagt, widersprechen. Doch ich muß des Zusammenhanges wegen mit Bekanntem beginnen."

"Ungefähr vor einem Jahre ließest Du die Summe von hunderttausend Dollars, den Betrag des Anlehens, das unsere Firma dem Wucherer Silas Craig schuldete, in meinen Händen zurück. Die Zahlung war an einem bestimmten Tage, einen Monat nach Deiner Abreise nach England fällig. Das Geld war mir heiliger als mein Leben und ich bewahrte es anf das Sorgfältigste auf. Aber ich war deßhalb noch keineswegs tadellos, denn ich war das Opfer eines Lasters, das schon öfters Schande und Schmach über Männer gebracht, die außerdem nicht vor ihren Mitbürgern zu erröthen brauchten. Ich war ein Spieler. Bei Tage besorgte ich mit Fleiß und Aufmerksamkeit meine Geschäfte, aber des Nachts lockte mich der Dämon des Spiels in ein geheimes Spielhaus in der Columbiastraße, das allen Spielern von New=Orleans bekannt ist und dem Gesetze zum Trotze seit Jahren fortbesteht. Ich hatte es längst gekannt und war dort ein beständiger Gast, aber ich kannte seinen Eigenthümer nicht. Ich mußte nicht, daß Silas Craig, der Mann des Rechtes, der Heiligthuer, der an keinem Sonntage in der Kirche fehlte, der Besitzer dieser Spielhölle sei, daß er in dieser Weise auf die Laster seiner Mitmenschen speculirte. Ich mußte dies nicht, und mußte auch nicht, daß das Spielhaus in der Columbiastraße durch einen geheimen Gang mit dem Geschäftszimmer von Silas Craig in Verbindung steht."

„Unmöglich," rief Augustus Horton.

„Ja, das Geheimniß ist gut bewahrt worden. Mir

wurde es erst bekannt, als die Hand des Todes meine Lippen auf ewig zu versiegeln schien. Aber die Wege der Vorsehung sind unerschöpflich. Ich bin wie aus dem Grabe zurückgekehrt, um das Geheimniß zu verrathen. Der Tag kam heran, wo wir diesem Manne unsere Schuld heimzuzahlen hatten. Um zwölf Uhr an diesem Tage begab ich mich zu ihm, überlieferte ihm die hunderttausend Dollars in Papieren und erhielt dafür seinen Empfangschein. Als dies geschehen war, fühlte ich mich so leicht wie eine Feder. Eine Last war von mir genommen und ich beschloß, den Rest des Tages dem Vergnügen zu widmen. Ich speiste mit einigen Freunden in einem Gasthofe, wo wir lange sitzen blieben und viel Wein tranken. Von da gingen wir dann in das Spielhaus in der Columbiastraße."

Hier trat eine kurze Pause ein, aber Silas Craig rührte sich nicht. Er behielt seine niedergeschlagene Stellung bei und machte keinen Versuch, durch Wort oder Geberde dem Erzähler zu widersprechen.

'„Wir spielten einige Stunden, aber meine Freunde waren keine so erpichten Spieler und sie wurden der Karten und Würfel bald überdrüssig. Nachdem sie mich längere Zeit vergebens zum Fortgehen zu überreden gesucht, verloren sie endlich die Geduld und gingen allein, während ich am grünen

Tische zurückblieb. Es war bereits 4 Uhr Morgens, ich hatte viel getrunken und Geld verloren. Es war mir wüst und wirr im Kopfe und mein Verlust hatte mich übellaunig und reizbar gemacht. Der Saal war bereits verlassen, aber ich saß immer noch beim Spiele in der eiteln Hoffnung, meinen Verlust wieder zu decken. So standen die Dinge, als ein mir gegenüber sitzender Franzose, ein großer starker Mann, mir eine Beleidigung zufügte. In meinem trunkenen Zustande war ich keineswegs in der Stimmung, mir diese gefallen zu lassen. Es erfolgte eine Rauferei, in der ich den Kürzeren zog, als einer der Anwesenden sich in's Mittel legte und den Vorschlag machte, wir sollten unsern Streit auf eine geziemendere Weise mit Degen ausfechten."

„Es war ein verabredeter Plan," sagte Gerald Leslie.

„Ja, ein nichtswürdiges Complot, das dieser Elende da ausgekocht hatte. Betäubt und verwirrt, wie ich war, ließ ich Alles mit mir vornehmen. Ich weiß nichts weiter, als daß ich einen Degen in der Hand hatte, und daß mein Gegner ebenfalls mit einem solchen bewaffnet war. Der Saal war jetzt vollständig verlassen und Niemand mehr anwesend, als ich, mein Gegner und der andere Mann. Dieser andere Mann, derselbe, welcher den Rath ertheilt hatte, den Streit mit Degen auszufechten, öffnete jetzt eine Thüre in der Wand, die ich früher niemals bemerkt hatte, und schob mich in einen langen, spärlich beleuchteten Gang, der mir ebenfalls fremd war. Die Thüre schloß sich hinter uns und wir gingen eine Strecke in dem Gange fort, bis wir durch den Fremden aufgehalten wurden, welcher es auf sich genommen hatte, das Duell zu leiten. Er stellte uns einander gegenüber und gab das Zeichen. Ich fühlte sogleich, daß ich verloren sei. Die Gegenstände drehten sich im Kreise herum. Bei dem schwachen Lichte konnte ich kaum das Gesicht meines Gegners sehen. Umsonst versuchte ich seine Stöße zu pariren. Ich war schon zweimal leicht an der Schulter verwundet worden, als die Lichter plötzlich ausgelöscht wurden, und ich den scharfen Schmerz eines Stiches fühlte. Allein dieser Stich kam nicht von meinem Gegner, denn obschon ich sogleich das Bewußtsein verlor, so fühlte ich doch, daß ich die Wunde im Rücken erhalten hatte. Als ich wieder zu mir kam, befand ich mich in einer einsamen Fischerhütte an den Ufern des Mississippi, vier Meilen von New-Orleans. Ich lag auf einer Matratze und meine Wunde war durch einen Wundarzt verbunden worden. Ich war aber durch den Blutverlust so geschwächt, daß ich kein Wort sprechen konnte. An meiner Seite saß William Bowen, welcher Mitleid mit mir hatte und die schreckliche That sogleich, als sie geschehen war, bereute. Unter dem Vorwande, daß er den Leichnam in den Fluß werfen wolle, hatte er mich in diese einsame Hütte gebracht, welche einem Freund von ihm gehörte."

„Halten Sie ein wenig, Herr Treverton," unterbrach ihn Bowen. „Als ich mit Herrn Craig den Plan entwarf, Sie in ein Duell mit dem Franzosen zu verwickeln, um Ihnen den Empfangschein für die hunderttausend Dollars abzunehmen, wurde ausgemacht, daß Sie nur in ordentlichem Kampfe und nicht schwer verwundet werden sollten. Aber Silas Craig war damit nicht zufrieden, denn er war es, der während des Kampfes das Gas auslöschte und Sie mit einem spitzigen Degen in den Rücken stach. Sie stürzten wie todt zusammen, aber Craig war ein zu großer Feigling, als daß er sich davon überzeugt hätte, daß Sie wirklich todt seien. Er wagte sich seinem Opfer nicht auf drei Schritte zu nähern, sondern trug mir auf, in Ihren Taschen nach dem Empfangschein zu suchen und den Körper mit Hülfe des Franzosen nach dem Flusse zu schaffen. Ich that es, mußte mich aber des Franzosen, als wir den Quai erreicht hatten, zu entledigen. Dort legte ich meine Bürde in ein Boot, ruderte stromabwärts zu einer einsamen Fischerhütte und holte dann einen Wundarzt herbei. Das Uebrige ist dem Herrn Treverton bekannt."

„Ja," sagte Philipp Treverton. „Ich muß Ihnen das

Zeugniß geben, daß Sie mich treu und geduldig gepflegt haben und mir, als ich genas, zur Reise nach Californien behülflich waren, von wo ich nach zwölfmonatlicher Arbeit so reich zurückkehre, daß ich im Stande bin, das edle Benehmen meines alten Freundes Gerald Leslie zu belohnen. Was diesen Elenden da anbelangt," setzte er, auf Craig deutend, hinzu, „so ist er dadurch, daß er alle seine Verbrechen entdeckt und vereitelt sieht, schon mehr gestraft, als es das Gesetz thun konnte. Er wird die hunderttausend Dollars zurückbezahlen, um die er sein Opfer betrügen wollte."

Silas Craig war sehr froh, daß er so glimpflich wegkam, er willigte in Alles, was man von ihm verlangte, und erklärte, daß er so bald als möglich New-Orleans für immer aerlassen werde.

Dreiunddreißigstes Capitel.
Tristan.

Seit der Katastrophe, welche dem Leben des Don Juan ein Ziel setzte, war die Villa Moraquitos ein Haus des Kummers und der Trauer geworden. Es war unmöglich, seiner Tochter die Wahrheit gänzlich vorzuenthalten. Man sagte ihr, daß sie ihren Vater verloren habe, brachte ihr aber den Glauben bei, daß derselbe durch einen Zufall, während er sich mit der Reinigung der Feuerwaffen, die in seinem Zimmer aufgehängt waren, beschäftigte, das Leben eingebüßt habe. Pauline bot Alles auf, um das arme Mädchen zu beruhigen und zu trösten, aber ihre Bemühungen blieben lange Zeit ohne Erfolg.

Am Abend dieses verhängnißvollen Tages verließ Paul Crivelli das Haus des Todes und begab sich in den Gasthof, wo Armand Tremley wohnte. Er überbrachte dem letzteren einen Brief von Pauline Corsi und unterrichtete den Künstler von dem schrecklichen Ereignisse, das an diesem Morgen stattgefunden hatte.

„Es wird deshalb," so schloß Paul seinen Bericht, „mehrere Monate dauern, bevor ich hoffen darf, daß sich meine Cousine Camilla entschließen wird, mir das Recht zu geben, sie mit einem theuerern Namen anzureden."

„Ich glaube es wohl," antwortete Armand, „und Pauline sagte mir, daß auch ich mich gedulden müsse, da sie keinen Tag früher als Camilla zum Altare gehen will."

Die beiden jungen Männer verließen mit einander den Gasthof, um einen Gang in's Freie zu machen. In dem Gespräche über die Vorgänge, welche den Pfad ihres Lebens verdunkelt hatten, wandelten sie am Ufer des Missisippi hin, bis die untergehende Sonne sie zur Heimkehr mahnte. Sie waren zu dieser Zeit ziemlich weit von New-Orleans entfernt.

Um die Stadt auf einem kürzeren Wege zu erreichen, mußten sie ein Gehölz am Ufer des Flusses durchschreiten. Sie waren darin noch keine hundert Schritte gegangen, als ihnen die Gestalt eines Negers in die Augen fiel, welcher am Fuße einer Eiche saß. Als er sie kommen sah, sprang er auf, und Paul erkannte in ihm Tristan, den Neger, mit dem er heute Morgen gerungen hatte. Der Neger starrte ihn mit wilden Blicken an.

„Sie sind es," rief er. „Sie, immer nur Sie. Sie verfolgen mich überall, wohin ich gehe. Ich bin hierher gekommen, um zu sterben."

„Zu sterben?"

„Ja, ich habe Gift hier," sagte er, in die Tasche seiner Jacke greifend. „Ich habe heute Morgen Alles erlauscht und ich würde Sie zu Grunde gerichtet haben, wenn Sie nicht meiner Herr geworden wären. Ich hätte die Beweise Ihrer Geburt verbrannt, und Ihre Verbindung mit Camilla Moraquitos, die ich liebe, verhindert."

„Du bist wahnsinnig, Tristan."

„Ja, ich bin wahnsinnig. Was kann ein Sclave, der seine Gebieterin liebt, anders sein, als wahnsinnig? Ja, ich bin wahnsinnig und liebe sie. Ich habe sie geliebt; als sie noch ein kleines Kind, und ich ihr Spielzeug, ihr Hund, ihr Sclave, und doch ihr Kamerad war. Und jetzt haßt und verachtet sie den elenden Sclaven. Sie liebt einen Andern, und der Narr Tristan ist in diesen Wald gekommen, um zu sterben."

Die rollenden Augen des Negers hatten so viel von dem wilden Feuer des Wahnsinns in sich, daß die beiden jungen Männer ihn wirklich für wahnsinnig hielten. Sie beriethen sich eben leise mit einander, was zu thun sei, als der Neger auf einmal mit einem wilden Geschrei und einem großen

Messer in der Hand auf Paul zusprang. Aber die jungen Männer waren auf ihrer Hut, und ihren vereinten Anstrengung gelang es sehr bald, den Neger zu entwaffnen und seine Hand mittelst eines seidenen Taschentuches auf den Rücken zu binden. So führten sie ihn nach New-Orleans zurück. Der heftige Ausbruch des Wahnsinns war vorüber und der Unglückliche so ruhig, wie ein Kind. Sie brachten ihn nach der Villa Moraquitos, wo sie ihn der Pflege seiner Mutter und der Aufsicht eines kräftigen Negers übergaben."

„Bringe ihn wieder zur Vernunft, Cora," sagte Paul, „und sobald er hergestellt ist, will ich Euch beiden die Freiheit schenken."

„Gütiger, edelmüthiger Massa! und wir dürfen dann nach Afrika zurückkehren?"

„Ja, das dürft ihr."

Vierunddreißigstes Capitel.
Abschied von Louisiana.

Gerald Leslie, William Bowen und Philipp Treverton begleiteten Silas Craig nach seiner Kanzlei, wo er die hunderttausend Dollars zurückzahlte und ein ausführliches Bekenntniß seiner Schuld niederschrieb, das er in Gegenwart der drei Zeugen unterzeichnete. Hierauf kehrten Leslie und Treverton nach dem Hause von Augustus Horton zurück, wo sich auch Mortimer Percy befand. Sie trafen Augustus Horton, Adelaide und Frau Montresor in einem Zimmer des Hauses, das mit dem Gartensalon in Verbindung stand.

Mortimer Percy saß etwas entfernt von seiner Cousine, und es war augenscheinlich, daß noch keine Versöhnung zwischen ihnen stattgefunden hatte. Adelaide und Frau Montresor waren mit einer kunstvollen Stickerei beschäftigt, welche ihnen einen guten Vorwand zum Schweigen darbot. Augustus stand an dem offenen Fenster und rauchte seine Cigarre.

Gerald war der erste, der nach seinem Eintritt das Schweigen brach.

„Sie sind wahrscheinlich überrascht, Herr Horton, mich wieder hier zu sehen?"

„Ich kann es nicht leugnen, daß dies der Fall ist," antwortete der Pflanzer. „Die Enthüllungen von heute Morgen gehen mich nichts an und ich kann mir nicht recht denken, welche Beweggründe Herrn Leslie und Herrn Treverton hieher gebracht haben."

Gerald Leslie lächelte. „Wirklich, Herr Horton? Sie vergessen, daß ich eine Tochter habe."

„O nein," antwortete Augustus. „Ich habe sehr gute Gründe, mich dieser Thatsache zu erinnern, Herr Leslie. Der Ankauf der Octronen-Sclavin Cora kostete mich fünfzigtausend Dollars, und es ist alle Aussicht vorhanden, daß ich jeden Cent davon verlieren werde."

„Außer wenn Sie Ihre entlaufene Sclavin wieder einfangen können," sagte Gerald Leslie.

„Außer wenn ich sie wieder einfangen kann. Gewiß, wenn sie wieder in meine Hände fällt, wird es nicht meine Schuld sein, wenn sie wieder entrinnt; und was diesen Engländer Gilbert Margrave betrifft —"

„So wollen Sie kein Erbarmen mit ihm haben?" fragte Gerald.

"Beim Himmel, nein. Wir Südländer sind gerade jetzt am wenigsten in der Laune, uns Einmischungen in unsere Rechte gefallen zu lassen. Der Engländer soll schwer dafür büßen, daß er die Gesetze von Louisiana verletzt hat."

Während er dies sprach, schritt der Pflanzer im Zimmer auf und ab und der Ton seiner Stimme verrieth ganz den Verdruß über die Vereitlung, welche seine Pläne und Wünsche am vorigen Abende erfahren.

"Herr Horton," sagte Leslie mit Nachdruck. "Philipp Treverton und ich sind aus einem sehr wichtigen Grunde hieher gekommen. Wir sind gekommen, um uns an Ihren Edelmuth und an Ihre Ehrenhaftigkeit zu wenden. Wollen Sie uns ruhig anhören?"

"Es steht Ihnen frei zu sprechen," erwiderte Augustus in hochmüthigem Tone.

"Ich wende mich also in Gegenwart Ihrer Schwester und der Frau Montresor an alle besseren Gefühle Ihrer Natur und frage Sie, ob es gerecht ist, daß mein Kind auch nur eine Stunde durch die Niederträchtigkeit dieses Menschen, Silas Craig, leiden soll. Geben Sie ihr die Freiheit wieder, bevor ich Schritte thue, den Verkauf meines Eigenthums durch die Gerichte für ungültig erklären zu lassen."

Augustus lachte bitter. "Das Alles ist sehr schön," sagte

er, „aber da Miß Leslie vorgezogen hat, davon zu laufen, liegt es nicht in meiner Macht, sie zurückzugeben, selbst, wenn ich dazu geneigt wäre."

„Wollen Sie mir meine Tochter zurückgeben, wenn sie aufgefunden wird?" fragte Gerald Leslie.

„Nein."

„Sie wollen nicht? Bedenken Sie, wir sind reich und ich will Ihnen die funfzigtausend Dollars zurückerstatten, oder wenn Sie es wünschen, diese Summe verdoppeln."

„Hole der — Eure elenden Dollars," rief Augustus. „Es war Rache, die ich mir mit meinem Gelde erkaufen wollte. Rache für die Beleidigung, die mir Ihre Tochter, die Sclavin angethan hat. Nein, diese Rache lasse ich mir nicht nehmen und sollte Cora wieder eingefangen werden, so gebe ich sie nicht heraus."

„Sie wollen es also nicht?"

„Nein, ich will nicht und was mehr ist, ich kann nicht, denn sie gehört nicht mehr mir."

„Nicht mehr Ihnen?"

„Nein, ich habe sie weggegeben."

„Weggegeben?"

„Ja, ich habe sie meiner Schwester Adelaide abgetreten, welche gute Gründe hat, sie zu hassen und ihr zu zeigen, was es ist, eine Sclavin zu sein. Sie ist ein Weib und ich kann mich deshalb ganz auf sie verlassen. Bei mir würde sie das Leben einer Herzogin geführt haben, bei meiner Schwester wird sie eine Kammerjungfer, eine gemeine Magd sein. Der Himmel weiß, wie tief sie noch sinken wird. So mag es vielleicht meiner Schwester gefallen, Ihre glänzende und fein gebildete Tochter in die Küche zu schicken, um dort der Köchin als Magd zu dienen."

Gerald Leslie hatte Mühe, an sich zu halten, als er diese beleidigenden Reden vernahm.

„Miß Horton," rief er aus, gewiß solche Worte wie diese müssen Ihrer weiblichen Natur widerstreben. Warum sprechen Sie nicht? Sie waren früher die Freundin meiner Tochter, um's Himmels willen erinnern Sie sich dessen. Während dieses ganzen Gespräches hatte Adelaide, das Gesicht über ihre Arbeit gebeugt, vollkommen ruhig dagesessen, so daß es den Anschein hatte, als ob sie an dem, was vorging, keinen Antheil nähme; aber ein schärferer Beobachter hätte bemerken können, daß ihr Busen sich vor Erregung hob, und daß ihre Hand zitterte, als sie ihre Arbeit fortzusetzen suchte. Dies war ihrem Cousin, Mortimer Percy, der sie seit einiger Zeit aufmerksam beobachtete, nicht entgangen. Jetzt erhob sie das Haupt, um auf Gerald Leslie's Anrede eine Antwort zu ertheilen.

„Ich kann Ihnen nur in den Worten meines Bruders antworten, Herr Leslie," sagte sie. „Ich kann Ihnen Cora Leslie nicht zurückgeben, selbst wenn ich es wollte, denn sie gehört nicht mehr mein. Ich habe sie ebenfalls weggegeben."

Augustus stutzte, „Du, Adelaide?" rief er.

„Ja, Du gabst sie mir zur Kammerjungfer, ich aber hatte schon längst eine Gelegenheit herbeigewünscht, um das Unrecht, das ihr an jenem verhängnißvollen Tage angethan, wo ich meine kindische Thorheit Herr über meine Vernunft werden ließ, wieder gut zu machen. Ich habe sie ihrem Bräutigam Gilbert Margrave abgetreten."

Mit diesen Worten erhob sie sich, öffnete die Thür eines anstoßenden Zimmers und gab den darin befindlichen Personen einen Wink, worauf Gilbert Margrave und Cora Leslie eintraten.

„Mein Bruder dachte nicht daran, in seinem eigenen Hause nach der entlaufenen Sclavin zu suchen," sagte Adelaide lächelnd. „Die Entführung in der vorigen Nacht war von Herrn Margrave und mir verabredet und es wurde ausgemacht, daß er sie hieher bringen sollte, wo sie ihre Verfolger am wenigsten suchen würden."

Kaum hatte er diese Worte vernommen, so eilte Mortimer Percy auf seine Cousine zu und umarmte sie.

„Hast Du das wirklich gethan, Adelaide?" rief er. „Hast Du es wirklich gethan? Und Du willst mir mein Benehmen verzeihen? Der Himmel weiß, wie sehr es mich geschmerzt hat, denn ich habe Dich stets von Herzen geliebt."

„Ich habe Alles verdient, was ich gelitten, Mortimer," sagte Adelaide, sich sanft von ihm losmachend, aber ich habe alles gethan, was in meiner Macht steht, um den Fehler eines unbewachten Augenblickes wieder gut zu machen. Cora ist frei und sie kann frei mit ihrem Bräutigam nach England absegeln."

„Theures, edles Mädchen," sagte die Octrone, indem sie Adelaide's Hand ergriff, „in der Ferne, in jenem freien und glücklichen Lande, werde ich mich stets Deines edlen Benehmens erinnern."

„Und Sie werden uns sobald als möglich in England sehen," sagte Mortimer, „wenn meine Cousine ihrem reuigen Schäfer erlaubt, mit ihr eine Hochzeitreise durch Europa zu machen. Sie, Herr Leslie, werden wahrscheinlich Ihre Tochter nach England begleiten?"

„Ja," sagte Gerald, „durch die unverhoffte Rückkehr meines Freundes und Associé's hier, bin ich reich genug, mich in England niederzulassen und ihm die Sorge für die Pflanzung zu übergeben."

Augustus Horton fühlte, daß seine Niederlage eine vollständige sei, er war aber nicht der Mann, dies einzugestehen, oder sich etwas davon merken zu lassen. Er hatte sich bereits entfernt, noch ehe Jemand an ihn dachte.

Gerald Leslie, seine Tochter und ihr Bräutigam fuhren darauf nach Gerald Leslie's Landhaus hinaus. Sie wollten in zwei Tagen mit dem englischen Packet-Boote New-Orleans verlassen.

Philipp Treverton begleitete sie heute nach dem Pavillon. Mortimer Percy blieb bei seiner Cousine Adelaide zurück. Drei Tage nach diesem glücklichen Abende führte er seine junge Braut zum Altar. Augustus Horton wollte zur Hochzeit ein großes Fest geben, Mortimer lehnte es aber ab. Die Feierlichkeit wurde auf seinen Wunsch in aller Stille vollzogen. Die beiden Cousins setzten dann ihr Geschäft vollständig auseinander, da Mortimer Percy die Absicht hegte, seinen Wohnsitz künftig bei seiner Tante in New-York aufzuschlagen.

Am folgenden Tage wanderten Cora und ihr Bräutigam nach einmal zu dem einsamen Grabe Francillia's in dem Gehölze zu Iberville. Schwere Thränen fielen auf den Hügel nieder, unter dem das Opfer der Sclaverei Erlösung und Ruhe gefunden. Ueber dem Grabe aber schien der Stern der

Hoffnung und eine prophetische Stimme flüsterte den beiden Trauernden zu, daß der Tag nicht fern sein könne, wo die unchristliche Einrichtung, welche dem Menschen gestattet, mit den Leibern und Seelen seiner Mitmenschen Handel zu treiben, nichts als eine dunkle Erinnerung der Vergangenheit sein werde.

* * *

Am frühen Morgen des anderen Tages stand eine glück= liche Gruppe auf dem Verdecke eines großen Dampfbootes, das von New=Orleans absegelte. Bereits verschwand die königliche Stadt des Mississippi mit den weißen Mauern ihrer Villen und den Spitzen ihrer zahlreichen Thürme am Horizont. Cora Leslie, ihr Vater und Bräutigam, betrach= teten stillvergnügt das großartige Schauspiel.

Einige Wochen darauf steuerte ein anderes Schiff aus dem Hafen von New=Orleans, welches an seinem Bord ebenfalls mehrere befreundete Personen hatte, aber dieser Dampfer war nach einem französischen Hafen bestimmt. Paul Crivelli und seine Cousine Camilla hatten beschlossen, New= Orleans so lange zu verlassen, bis die Letztere sich von dem Schlage, der sie durch ihres Vaters Tod betroffen, erholt haben würde. Sie hatten deshalb eingewilligt, Armand Tremlay und Pauline, welche sich endlich nach langer Ueber=

redung dazu verstanden hatte, ihrem Geliebten ohne weiteren Verzug die Hand zu reichen, zu begleiten.

Silas Craig hatte nach dem Morgen, an welchem seine Entlarvung stattgefunden, sogleich Anstalten getroffen, um New-Orleans, wo er nicht allein die Rechte des Gesetzes, sondern auch die Lynchjustiz des Pöbels zu fürchten hatte, für immer zu verlassen. Am Abend des dritten Tages war er mit seinen Vorbereitungen fertig. In der Nacht wollte er abreisen. Sein Vorsatz wurde aber vereitelt, denn am Morgen fand man ihn in seiner Kanzlei mit mehreren Stichwunden ermordet. Am Boden lag das blutige Messer, womit sich die Sclavin Francillia einst das Leben genommen und welches sich zuletzt im Besitze von Toby, dem Mulattensclaven, befunden hatte. Dieser selbst war spurlos verschwunden. Die wohlverpackten Schätze des Advokaten fand man unangetastet.

Wir haben nur wenig mehr zu sagen. Cora ist in England ein glückliches Weib, glücklich in der Gesellschaft ihres geliebten Vaters, und der Zuneigung eines zärtlichen Gatten gewiß. Camilla und Paul glänzen als Sterne in der Pariser Gesellschaft. Reich, gebildet und schön, werden der junge Spanier und seine Gemahlin von Allen bewundert und geliebt, die sie kennen. Sie aber besitzen keine Bekannten,

denen sie so herzlich zugethan sind als [...]
Armand und Pauline Tremlay.

Augustus Horton nahm einen [...]
dem Aufstande der Südstaaten, der [...]
kostete. Schon in einer der ersten [...]
schwere Wunde, die ihn für immer [...]
Sein Vermögen ist durch die hohen [...]
Zwecke des Aufstandes und durch die [...]
bedeutend zusammengeschmolzen. [...]
darauf keinen großen Werth. Ihn pein[...]
daß die Sache, für die er mit Leib un[d ...]
unwiederbringlich verloren ist.

E n d e.